职业教育综合素养系列教材

心理健康教育

许曙青　汪　晴　编著

电子工业出版社
Publishing House of Electronics Industry
北京·BEIJING

内容简介

本教材基于学生心理教育实际,从心理健康、自我意识、人际关系、性心理、情绪管理、学习心理、网络依赖、职业心理、职业生涯、危机干预与自杀十个方面进行内容架构,通过文字教材与微课相结合,由浅入深地详细介绍学生心理健康知识与操作技能,从而促进学生心理素质和技能的提升。

未经许可,不得以任何方式复制或抄袭本书之部分或全部内容。
版权所有,侵权必究。

图书在版编目(CIP)数据

心理健康教育 / 许曙青,汪晴编著. —北京:电子工业出版社,2018.8(2025.8重印)
ISBN 978-7-121-34125-0

Ⅰ. ①心… Ⅱ. ①许… ②汪… Ⅲ. ①心理健康—健康教育—高等职业教育—教材 Ⅳ. ①G444

中国版本图书馆 CIP 数据核字(2018)第 083041 号

策划编辑:柯 彤
责任编辑:裴 杰
印　　刷:山东华立印务有限公司
装　　订:山东华立印务有限公司
出版发行:电子工业出版社
　　　　　北京市海淀区万寿路 173 信箱　邮编　100036
开　　本:787×1 092　1/16　印张:9.25　字数:236.8 千字
版　　次:2018 年 8 月第 1 版
印　　次:2025 年 8 月第 10 次印刷
定　　价:25.00 元

凡所购买电子工业出版社图书有缺损问题,请向购买书店调换。若书店售缺,请与本社发行部联系,联系及邮购电话:(010)88254888,88258888。
质量投诉请发邮件至 zlts@phei.com.cn,盗版侵权举报请发邮件至 dbqq@phei.com.cn。
本书咨询联系方式:(010)88254489,youl@phei.com.cn。

前　言

红日初升，其道大光。河出伏流，一泻汪洋。潜龙腾渊，
鳞爪飞扬。乳虎啸谷，百兽震惶。鹰隼试翼，风尘吸张。
奇花初胎，矞矞皇皇。干将发硎，有作其芒。天戴其苍，
地履其黄。纵有千古，横有八荒。前途似海，来日方长。
美哉，我少年中国，与天不老！
壮哉，我中国少年，与国无疆！

梁启超　《少年中国说》

青少年期是人生倘佯恣意又充满变化震荡的阶段，是具有无限发展可能的黄金期；处于该阶段的学生是国家最宝贵的人力资本和战略资源，是建设创新型国家的生力军。青少年的心理健康水平不仅关乎千家万户的幸福指数，而且关乎社会的和谐与稳定，还直接关系到我国从人力资源大国迈向人力资源强国的发展速度和质量内涵。

这是一项与家庭、学校幸福愿景息息相关，又与国家发展战略紧密相连的大事。地球越来越小，人心却越来越远；生活越来越好，心理却越来越疲惫。这是当代青少年普遍存在的心理感受。心理健康问题越来越成为青少年关注的焦点，人们越来越需要了解自己的心理状态，寻求解决心理困惑与问题的方法与途径。如今，心理健康与身体健康一样，成为了每一个当代青少年成长中的重要内容。

目　　录

模块一　心理健康 ·· 001
　　话题一　心理健康概述 ·· 001
　　话题二　心理健康调适 ·· 013

模块二　自我意识 ·· 019
　　话题一　认识自我 ·· 019
　　话题二　自尊与自信 ··· 023

模块三　人际关系 ·· 029
　　话题一　人际关系概述 ·· 029
　　话题二　同伴关系 ·· 032
　　话题三　师生关系 ·· 037

模块四　性心理 ··· 041
　　话题一　青春期与性心理 ··· 041
　　话题二　预防艾滋病 ··· 048

模块五　情绪管理 ·· 052
　　话题一　情绪概述 ·· 052
　　话题二　情绪特点及问题 ··· 055
　　话题三　情绪调适 ·· 060
　　话题四　情商智商 ·· 064

模块六　学习心理 ·· 067
　　话题一　学习动机 ·· 067
　　话题二　常见学习心理问题 ·· 071

模块七　网络依赖 ··· 081
话题一　互联网对学生的影响 ·· 081
话题二　网络心理与障碍 ·· 086
话题三　网络成瘾及预防 ·· 093

模块八　职业心理 ··· 098
话题一　职业心理概述 ·· 098
话题二　职业心理素质 ·· 102
话题三　树立正确的择业观 ·· 106
话题四　实习心理 ·· 111

模块九　职业生涯 ··· 115
话题一　生涯规划与人生发展 ·· 115
话题二　职业倦怠的应对方法 ·· 123

模块十　危机干预与自杀 ··· 129
话题一　危机干预概述 ·· 129
话题二　危机干预的方法 ·· 134
话题三　自杀的三级预防 ·· 138

模块一　心理健康

话题一　心理健康概述

学习目标

1. 知晓心理健康的概念和心理概述。
2. 了解心理学主要流派及主要观点。
3. 具备判断心理健康与否的能力。
4. 能够运用所学的知识就心理健康进行普及宣传。

案例导入

5.12 汶川地震后，有个在地震中失去妈妈的小女孩，她表现得一点都不悲伤，甚至每天都笑眯眯的。这个小女孩不过八九岁，地震时她在上学，受了点轻伤。妈妈在家里忙家务，在地震中遇难了，爸爸在外地打工，躲过了这场灾难。小女孩在妈妈去世后，一直都没有了表现出很伤心的样子。小女孩不承认妈妈已经去世了，她告诉周围的人，"我在等妈妈回来，妈妈会回来的，妈妈等着我放学回家呢"。

请问为什么会出现这种现象？

 探究与体验

一、心理概述

（一）心理现象的定义

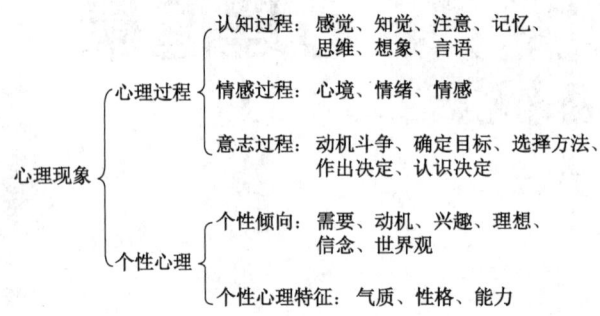

心理是大脑对客观世界的主观反映。心理的器官是大脑，而不是心。

心理过程是指人们在认识、对待客观事物时所表现出的心理活动，包含认知过程、情感过程和意志过程。

认知过程包含了感觉、知觉、注意、记忆、想象、思维和言语的过程，是基本的心理过程。

情感和意志是在认识的基础上产生的。

意志过程是人自觉地确定目的，并根据目的调节支配自身的行动，克服困难，去实现预定目标的心理过程。

个性倾向性涉及需要、动机、兴趣、理想、信念和世界观。

个性心理特性包含了性格、气质和能力。比如有的人完成任务又快又好，有的人则无法顺利完成任务，这是能力的不同；有的人大大咧咧、活泼好动，犹如王熙凤，有的人悲春伤秋，沉默文静，犹如林黛玉，这就是气质的不同；有的人心胸开阔、乐于助人，有的人斤斤计较，这是性格的不同。气质是先天的，与生俱来的，没有好坏之分；性格是后天受各种外界因素而形成的，是有好坏之分的。

总之，一个人的一言一语、一举一动、一颦一笑和所思所想都能够体现出心理现象，我们常常可以根据人的表情、语言和行为特征来判断一个人的心理。

想一想

1. 心理学所说的"气质"跟我们日常生活的"气质"是一回事吗？
2. 你是什么样的性格，能用几个词形容一下吗？
3. 美国电视剧 *Lie to Me* 中根据微表情推测人物心理是否有科学依据？你能举出几个具体例子吗？

二、心理学流派

（一）精神分析学派（代表人弗洛伊德）

他从潜意识来解剖行为，比如上课时为什么有的人总是卡着铃声的点来学校，穿衣吃饭磨磨蹭蹭，那说明大家潜意识当中是不喜欢来上课的吧。如果女（男）朋友跟你约好八点见面的，可她（他）却迟到了半个小时，这是什么原因呢？只是单纯的因为化妆、选衣服而耽误时间吗？从潜意识分析，那说明她还不够重视这场约会……

想一想

1. 你喜欢心理学吗？你能说说你对心理学的印象吗？
2. 心理学是一门真正可以造福人类的科学还是一门可以算命的伪科学？
3. 你认为弗洛伊德的观点是否正确？

（二）行为主义学派（代表人华生）

理论基础：巴甫洛夫条件反射学说

重在奖励与惩罚，让你形成一定的行为习惯。其学习理论主要是联结论和刺激—反应论。这一学派的基本观点是，学习是环境的刺激与学习者的行为反应之间的联结过程。行为主义学派注重学习的外部条件对学习的影响，又注重学习者对环境的行为反应。尤其是强调教育者要创设有利于学习的环境，尽可能强化学习者的行为。但是，行为主义学派学习理论也存在着明显的缺陷，如忽视人的学习具有主观能动性和内省性，忽视学习的社会性，因而受到其他学派的质疑和挑战。

🔧 **想一想**

大家为什么那么喜欢打王者荣耀和 LOL，而不喜欢上课学习？你们有没有深深地思考过这种现象呢？

（三）人本存在主义学派（代表人马斯洛、罗杰斯）

（1）该理论中最重要的一个理论是马斯洛的需求层次理论。

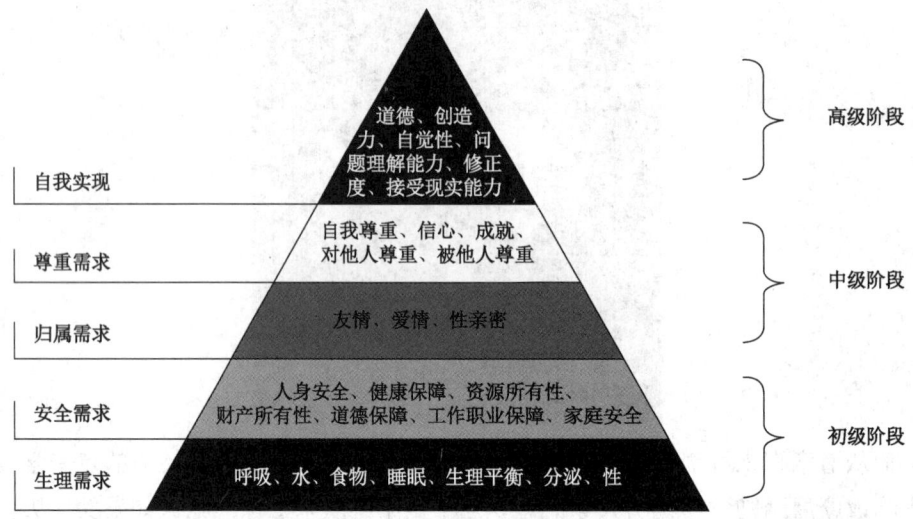

每个人都有这五种需求，只是每种需求对每个个体而言所占的比例不同。有的人对归属需求极为渴望，因此通过微信、QQ、微博、陌陌、快手等社交软件来获得他人的关注，寻求爱与被爱。有的人对自我实现需求渴望，因此会通过读书、绘画、音乐等方面来充实自己才能，从而使自己有成就感。

（2）此外，该理论提倡人要学会悦纳自己，发现自我的优点，同时也要善于接纳自己的不足之处，成为一个心胸开阔的乐观主义者。"我很丑可是我很温柔，我很穷可是我很有才，我很闷可是我也很萌……我就是我，绝不借助他人的高枝炫耀或封闭自己"。

🔧 **想一想**

1. 你还知道其他心理学流派吗？他们的主要观点是什么？你最想了解的是哪个流派？
2. 我们这门课叫心理健康教育，它和心理治疗、心理咨询和心理辅导等又有什么区别呢？
3. 什么情况的心理问题适用心理健康教育？

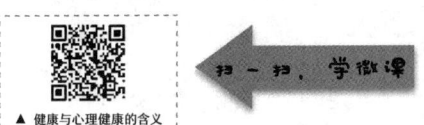

▲ 健康与心理健康的含义

 练一练（判断对错，并说明原因）

1. 只有性格内向的人，才容易患心理疾病。
2. 心理疾病或障碍，只有在别人看出来时才有必要去求助心理医生。
3. 坚强的、成功的人不容易患心理疾病。
4. 心理不健康是一件令人丢脸的事情。
5. 心理问题也有对错。
6. 偶尔出现了一些不健康的心理和行为，就是有了心理问题。
7. 所谓"悦纳"自己，就是要让自己的一切都是好的。
8. 心理疾病不会影响到身体健康。
9. 身体不健康不会引发心理不健康。
10. 有心理问题的人精神都不正常。

三、心理健康的定义

每个人都关心自己的健康，但对健康的理解却各不相同。有人说，没有疾病就是健康；有人说，能吃能睡就是健康；还有人说，精力充沛就是健康……到底怎样才算健康呢？

世界卫生组织于2001年将心理健康定义为一种健康或幸福状态，在这种情况下，个体得以实现自我，能够应对正常的生活压力，工作富有成效，有能力对所在社会做出贡献。

心理健康有两层含义：

一是无心理疾病，这是心理健康的基本条件，心理疾病包括各种心理及行为异常的情形。

二是具有积极向上的心理状态。

世界卫生组织对健康的定义包含以下几个方面。

一是躯体健康，就是生理健康。

二是心理健康，就是人格完整，自我感觉良好，情绪稳定，积极情绪多于消极情绪，有较好的自控能力，能够保持心理上的平衡，能自尊、自爱、自信、有自知之明等。

三是社会适应良好，就是活动和行为能适应复杂的环境变化，为他人理解和接受，使自己在各种环境中有充分的安全感；能保持正常的人际关系，能受到他人的欢迎和信任；对未来有明确的生活目标，能切合实际地在各种社会环境下不断进取，有理想和事业上的追求。

四是道德健康，就是不损害他人的利益来满足自己的需要，有辨别真伪、善恶、

▲ 心理健康的标准

美丑、荣辱、是非的能力，能按照社会公认的道德准则来约束、支配自己的言行，愿为人们的幸福做贡献。

 想一想

判断心理健康的标准是否是唯一的？你能举出几个其他标准吗？

四、心理健康的标准

（一）马斯洛（A. Maslow）等提出的心理健康标准

（1）充分的安全感；
（2）充分了解自己，并对自己的能力进行适当的估价；
（3）生活的目标能切合实际；
（4）能与现实环境保持接触；
（5）能保持人格的完整与和谐；
（6）具有从经验中学习的能力；
（7）能保持良好的人际关系；
（8）适当的情绪表达及控制；
（9）在不违背集体要求的前提下，能作有限度的个性发挥；
（10）在不违背社会规范的前提下，对个人的基本需要能恰如其分地给于满足。

（二）奥尔波特（G. Allport）提出的心理健康标准

心理健康与人格有着密切的关系，人格心理学家奥尔波特对心理健康提出了七条标准：

（1）自我意识广延；
（2）良好的人际关系；
（3）情绪上的安全性；
（4）知觉客观；
（5）具有各种技能，并专注于工作；
（6）现实的自我形象；
（7）内在统一的人生观。

（三）林崇德提出的心理健康标准

我国著名心理学家林崇德认为："心理健康标准的核心是凡对一切有益于心理健康的事件或活动作出积极反应的人，其心理便是健康的。"

他认为心理健康主要有以下十条标准：

(1) 了解自我，对自己有充分的认识和了解，并能恰当地评价自己的能力；

(2) 信任自我，对自己有充分的信任感，能克服困难，面对挫折能坦然处之，并能正确地评价自己的失败；

(3) 悦纳自我，对自己的外形特征、人格、智力、能力等都能愉快地接纳认同；

(4) 控制自我，能适度地表达和控制自己的情绪和行为；

(5) 调节自我，对自己不切实际的行为目标、心理不平衡状态、与环境的不适应性，能作出及时的反馈、修正、选择、变革和调整；

(6) 完善自我，能不断地完善自己，保持人格的完整与和谐；

(7) 发展自我，具备从经验中学习的能力，充分发展自己的智力，能根据自身的特点，在集体允许的前提下，发展自己的人格；

(8) 调适自我，对环境有充分的安全感，能与环境保持良好的接触，理解他人，悦纳他人，能保持良好的人际关系；

(9) 设计自我，有自己的生活理想，理想与目标能切合实际；

(10) 满足自我，在社会规范的范围内，适度地满足个人的基本需求。

（四）郭念锋提出的心理健康标准

郭念锋在《临床心理学概论》一书中提出可从以下十个方面来判断心理健康水平。

(1) 心理活动强度；

(2) 心理活动耐受力；

(3) 周期节律性；

(4) 意识水平；

(5) 受暗示性；

(6) 康复能力；

(7) 心理自控力；

(8) 自信心；

(9) 社会交往；

(10) 环境适应能力。

虽然国内外研究者对于心理健康标准的观点不同，但总体来说，有一个统一的标准：人的心理是知、情、意、行的统一体。心理健康是一个人整体的适应良好状态，是人格健康、全面发展。

心理健康应遵循以下标准：

(1) 智力正常；

(2) 人际关系和谐；

(3) 心理与行为符合年龄特征；

▲ 常见的心理健康问题

（4）了解自我，悦纳自我；
（5）面对和接受现实；
（6）能协调与控制情绪，心境良好；
（7）人格完整独立；
（8）热爱生活，乐于工作。

综上所述，心理健康的标准是多层次、多方面的，要科学、正确判断一个人的心理是否健康，必须从多个角度进行考察，还要结合不同地区、不同民族、不同文化、不同时代的具体情况。

五、常见心理健康问题

保持健康的心理、成全美好的人格、拥有成功的人际关系，是人生成功和幸福的根本。然而，在一生中我们可能会遇到很多心理问题，在不同的人生阶段，心理问题又有其特定的表现。并且，这些问题可能会严重影响我们的正常生活。

因此，为了更好地享受生活，我们要加强对心理健康知识的学习了解，什么是心理健康？如何辨别各种心理问题？如何应对心理问题？导致心理健康问题的原因又有哪些？

（一）情感障碍

1. 定义

情感障碍是以明显而持久的心境高涨或心境低落为主的一组精神障碍，并有相应的思维和行为改变。

2. 临床表现

躁狂发作、双向人格障碍、抑郁发作。

走下"过山车"——双相情感障碍患者案例分享

得了双相情感障碍的患者，他们的痛苦程度，并不亚于抑郁症患者和躁狂患者。目前，针对双相情感障碍的介绍及专业科普仍然十分欠缺。双相情感障碍是一种既有躁狂症发作，又有抑郁症发作的常见精神障碍。躁狂发作时，患者情感高涨、言语活动变多、精力充沛，抑郁发作时，患者情绪低落、愉快感丧失、言语活动减少、疲劳迟钝。

小李，一位年轻小伙，刚刚26岁。4年前，他大学毕业后进入一家外贸企业工作，自那时起就开始缓慢起病。具体表现为每日很晚入睡，终日郁郁寡欢，觉得自己非常失败，甚至将自己定义为"像废物一样"。他不敢看别人的眼睛，与同事无法正常交流。

他觉得自己无论是长相、身材还是履历，都糟糕透顶，比不过其他同事。一次在与国外客户沟通的时候，同事嘲笑他英语发音带着浓重的口音。又因为小李出身农村，家境较差，心里总有种自卑感，而且他体液分泌比较旺盛，身上时常会有些味道，愿意与他相处的同事就更少了。

小李终日独来独往，不敢抬头见人，工作效率明显下降，痛苦感明显。2年前，他的病开始严重，甚至躯体都开始感到明显不适，随后他在医院心理科被诊断为"双相情感障碍，中度抑郁发作"，接受专业治疗。经一段时间的治疗后，小李的症状得到了明显的改善，状态也趋向正常，经过评估，再住院一个星期，小李就可以出院，但仍需坚持服药。小李很感谢医生这段时间对他的专业治疗和照顾，让他慢慢战胜了自己的"心魔"，脱离心情"过山车"的困境。他自述发病的这几年不断地起起伏伏让他的内心异常地痛苦。不仅要艰难容忍同事们异样的眼光，还要假装自己是一个正常人，痛苦地游离在社会的边缘。

像这样忍耐着、艰难地"生存"的双相情感障碍患者还有很多，他们在两种情感发作间期有正常的情绪状态。但即使在情感正常状态，患者仍有躁狂或抑郁复发的危险。

目前双相障碍是可控且可以治疗的，在诊断明确的情况下，确诊双相情感障碍后，需要首先治疗双相情感障碍，尤其是躁狂。

当患者处于躁狂时期，优先的治疗方法是先进行药物治疗，例如使用心境稳定剂、抗精神病药以及其他一些药物。在心境稳定剂方面使用量最多的药物是锂盐，医生通常会使用处方锂盐对患者进行治疗，但往往需要联合用药。

除药物治疗之外，重要的还有心理治疗以及家庭治疗，必须提升家庭对疾病的整体认知，因此家庭治疗、健康教育都是必不可少的。到了后期医生会根据实际情况进行相应的心理治疗，几种治疗方式联合治疗的情况下，治疗效果会更佳。

想一想

什么是双向情感障碍？有哪些症状？如果你身边的人患上了双向情感障碍你会怎么帮助他？

1. 抑郁症

（1）基本症状：

"三低"：情绪低落、思维迟缓、意志减退。

"三无"：无用、无助、无望。

"三自"：自责、自罪、自杀。

（2）症状标准：以心境低落为主的一群症状，但并不是情绪（心境）低落就是得了抑郁症。

（3）严重程度：一天中的大多数时间心境低落。

（4）持续时间：至少两周。

（5）症状表现以心境低落为主，同时要有以下症状中的四项：

① 对日常活动丧失兴趣，无愉快感。

② 精力明显减退，无原因的持续疲乏感。

③ 精神运动性迟滞或激越。

④ 自我评价过低，或自责，或有内疚感，甚至可达妄想程度。

⑤ 联想困难，或自觉思考能力显著下降。

⑥ 反复出现想死的念头，或有自杀行为。

⑦ 入睡困难、梦多易醒、早醒，或睡眠过多。

⑧ 食欲不振，或体重明显减轻。

⑨ 记忆力下降，注意力不集中。

⑩ 性欲明显减退。

（6）抑郁症的预防。
- 培养良好的人格
- 早发现，早治疗
- 培养自己的兴趣爱好
- 有一所好奇心
- 保持乐观的心态
- 交一批好朋友

2．躁狂

（1）重度躁狂型精神分裂症案例分析。

某女，19岁，初中学历，陕西省子洲县人。从小父亲去世，家庭贫困，她从小遭受过很多挫折，愿望是上大学多学知识、用写书的形式倾诉母亲一生所经历的灾难以报答母亲的养育之恩。因为初中毕业没考上高中，造成精神压力。

14岁开始有内火过盛现象，急躁不安、脸上经常发烫、喜欢冷食冷饮，常用冷水往头上泼洒才觉得舒服，失眠多梦，胡思乱想，大脑逐渐失控，16岁精神失常。

【其他治疗】1998年6月被绥德市某精神病医院诊断为"躁狂型精神分裂症"，住院治疗20多天，病情基本稳定，随后出院。

1999年6月病情复发，在咸阳市某精神病医院住院治疗32天无效，要求出院。1999年8月返回绥德市某精神病医院，住院治疗30多天，病情基本稳定，随后出院。2001年11月病情复发，在西安市某精神病医院接受治疗，住院治疗33天不但无效，而且病情加重。大小便基本失禁，五天五夜未眠、语无伦次24小时不停地说话。

【初诊日期】2001年12月15日经人介绍来此就诊。

【最初印象】浑身浮肿、坐卧不宁，神志不清、言语增多并且错乱，说起话来口起白沫，面部肌肉跳动。

【病因分析】中医诊断为狂症属于"痰迷心窍、痰火攻心"，由于思虑过度导致失眠、内火过盛、煎熬成"痰"。"此痰"蒙蔽心窍，扰乱神明，使人思维混乱、神志恍惚不清，产生了精神失常的现象。

【治疗总结】此案例病程四年，其中住了四次精神病医院，治疗无效。采用精神康复、心理疗法与"倒痰"疗法相结合。倒痰三次，一个月内痊愈，三个月后正常参加劳动。至今，未曾复发。

（2）躁狂定义：躁狂是指以心境显著而持久地高涨为基本临床表现并伴有相应思维和行为异常的一类精神疾病。通常有反复发作倾向，缓解期精神状态基本正常，愈后一般较好。

（3）躁狂临床表现：心境高涨；思维奔逸、意念飘忽；夸大观念、自我评价过高；活动增多、言语增多；面色红润、双目有神、心率加快；可有双相躁郁症状交替出现。

（二）神经症

什么样的人易患上神经症？神经症的基本特征是什么？在日常生活中我们能鉴别出来吗？抑郁性神经症又称神经症性抑郁，是由社会心理因素引起的，也往往与患者的个性偏离有关；是以持久的心境低落为主要特征的神经症性障碍，严重程度可起伏波动；常伴有焦虑、躯体不适和睡眠障碍。患者有治疗要求，但无明显的运动性抑制或幻觉、妄想，生活工作不受严重影响。基本特征如下：

一是没有脑的器质性病变作为基础，也没有足以造成脑功能障碍的躯体疾病。

二是心理冲突，精神痛苦。

三是自知力良好。

四是生活自理能力、社会适应能力和工作能力基本没有缺损。

五是症状的持续性。

1. 神经衰弱

神经衰弱的症状：

（1）精神易兴奋和精神易疲劳两者相结合的各种症状。

（2）情绪症状：易激惹、烦恼、易紧张激动。

（3）心理生理症状：睡眠障碍、紧张性头痛。

2. 焦虑症

（1）焦虑症定义：人类面对危机时的自然情绪反应，它使人们提高警觉、采取行动、避开危险、处理困难，它有积极和消极的作用。患有焦虑症的人，常感到无明显原因、无明确对象、游移不定、范围广泛的紧张不安；经常提心吊胆，却又说不出具体原因。患者过分关心周围事物，注意力难以集中，从而使工作和学习效率明显下降。

（2）焦虑症分类：惊恐障碍和广泛性焦虑症。

3．强迫症

（1）强迫症定义：以不能为主观意志所克制，反复出现的观念、意象和行为为临床特点的一种心理障碍。其特点是有意识的自我强迫和自我反强迫并存，患者体验到焦虑和痛苦。

（2）强迫症分类：强迫思想；强迫意向；强迫动作。

4．疑病症

（1）特征表现：

为过度关注自己的身体健康，对健康估计之坏与身体的实际情况很不相称，处于对疾病或失调的持续的强烈的恐惧之中。但通过各种检查均不足以肯定其有任何器质性疾病的证据，也未发生这些主观症状的躯体原因。

（2）诊断标准：

① 以疑病症状为主要临床表现，并过分关注自身健康状况；

② 伴有焦虑、抑郁症状；

③ 工作、学习和家务能力下降；

④ 病程在6个月以上；

⑤ 排除精神分裂症、内源性抑郁症及所怀疑的躯体性疾病。

5．恐怖症

（1）概念：暴露于某一情境或客体所致的严重焦虑，常有回避行为。害怕动物、黑暗或陌生人，害怕场合和情境如雷声、暴雨、高空、飞行或幽闭恐怖。

（2）特征：

① 恐惧与处境不相称；

② 患者感到痛苦，往往伴有显著的植物神经功能障碍；

③ 对所恐惧的处境本能地回避，直接造成社会功能受损害；

④ 控制不住（患者知道不切实际、不合理，但不能摆脱）。

练一练

你能试着分析各类病症的发病特征吗？

话题二 心理健康调适

学习目标

1. 知晓心理调适的概念。
2. 了解心理调适的具体原则。
3. 具备进行心理调适的能力。
4. 能够运用多种方法对心理问题进行调适。

案例导入

小宇，女，17岁，某校高中一年级学生，父母离异，随同爷爷奶奶生活，母亲改嫁到外地，家庭条件较以前更差。本性活泼聪明的她，到校就读后发现性格变得孤僻，不主动和同学谈话。平时很听老师的话，学习上也很认真，可是效果并不好，很敏感，如果奶奶来学校总觉得奶奶在说她的坏话，同学之间也是。如果看到同学在说悄悄话，就感觉是在说自己。

对于小宇这样父母离异导致内心敏感的孩子，应该怎么帮助她？

父母的离异必定会给孩子幼小的心灵造成一定的伤害。平时和爷爷奶奶一起生活，心中有话也无处诉说。母亲很少回家，平时也没有跟孩子联系，对于她来说父爱等于是没有的，母亲再嫁后关系也不协调。加之爷爷奶奶年纪大了，生活条件也不是很好，这样的生活让她的心理十分自卑，缺乏自信。

在学校中，老师应当给予孩子更多的关怀和爱护，要主动和孩子亲近，和她做朋友。对于她的家庭情况对症下药，慢慢建立孩子的自信心和责任心。除此之外，还要多和她的爷爷、奶奶沟通，在教育孩子的方法上要注意方法，要多从其他角度入手。在集体生活中，要多鼓励她与其他同学交流和玩耍，多些机会让她参与集体活动，感受集体生活的快乐！

 探究与体验

一、心理调适概述

（一）心理调适的概念

心理调适是运用心理科学的方法对认知、情绪、意志、行为等心理活动与心理状态进行调整，改善适应，以达到提升心理健康的目的。

（二）自我心理调适

（1）心理调适既可用于自己调适，也适用于帮助他人。

（2）自我心理调适是指根据自身发展及环境需要对自己进行的心理控制和调节，从而最大限度地发挥个人潜力，维护心理平衡，消除心理困扰。

二、主要的心理问题

（一）学习心理问题

青少年阶段是学生学习与发展的重要时期。学生的身心发展主要是通过学习来实现的，学习是学生的第一要务和主要活动。但是学生在学习中存在以下问题：

1．学习目标不明确

不少学校学生在进入职业学校后，学习自信心不足，甚至没有学习的近期、中期和长期目标。学习态度不端正，学习动机不强烈，学习目的不明确。

2．学习方法不得当

部分学校的学生没有养成良好的学习习惯，缺乏良好的学习动机和浓厚的学习兴趣，没有掌握基本的学习方法，学习效率低。他们对学习过程缺乏必要的反思，不会科学合理地安排学习时间，不懂得对学习成败进行合理的归因。

3．学习焦虑现象普遍

许多学校的学生在学习上自我认知水平低，对学习缺乏自信，对有些学科和课程的学习及考试存在比较严重的恐惧心理，有明显的厌学情绪和逃学行为。

（二）情感心理问题

1．情绪不稳定，自控能力差

处于青春期的学生具有明显的情绪两极性，遇事易兴奋、激动或愤怒、悲观。他们的情绪变化很快，常常是稍遇刺激即可爆发偏激情绪和出现极端的行为方式，冲动性强，理智性差，常常导致发生激烈的冲突或不必要的争执。

2. 社会情感淡漠，自我情感脆弱

部分职业学校的学生由于受社会负面因素的影响，社会性情感淡漠，对人对事态度冷淡。漠不关心，有时近乎"冷酷无情"，对集体活动冷眼旁观，置身事外，似乎看破红尘。他们的情感处于"冻土层"，似乎缺少阳光的照耀。有人把职业学校学生的这种心态称为"三无"状态，即无动于衷，谓之无情；缺乏活力，谓之无力；漠不关心，谓之无心。

3. 情感严重压抑，情绪体验消极

受社会大环境的影响，许多家长认为孩子只有进入重点学校才是进了大学的门，才有前途和希望。进入职业学校只不过是领到一张临时的打工证，将来不会有出息的。在社会和家庭的双重压力下，学生的压力增大，常常身感疲惫，觉得自己好累，不愿和别人交流，易产生抑郁，悲观等消极情绪。

（三）人际交往心理问题

1. 师生间交往缺乏信任感

由于以前不良的师生关系，以及经常被老师忽视、排斥、指责的经历，一些职业学校学生对职业学校的老师，自然会产生一种条件反射式的疏远感和压抑感；担心老师会向家长告状，怀疑老师会有意为难自己；想与老师亲近但又怕受到冷落；一旦老师在处理问题时不够恰当，学生便会产生强烈的不满或偏见，形成对立情绪，产生逆反行为。

2. 同学间交往缺乏理解感

在学校，职业学校的学生迫切希望得到了解，沟通信息，寄托感情，表现自我，人际交往欲望强烈。但是由于他们大多来自不同阶层，不同地域，具有不同的成长环境，不同的生活习惯以及不同的行为标准，因此，他们在交往中难免产生矛盾和困难，主要表现为独立生活能力差，任性自私，不能容纳他人，不愿与人交往，我行我素，自以为是等。由于同学间交往的困难，一方面导致学生容易产生自闭心理；另一方面由于缺乏倾诉对象，学生容易对自己缺乏自信，产生心理压力。

3. 网络交往失度、失范

很多职业学校的学生在现实交往中难以获得需要的满足，便试图在网络世界中得到补偿。他们喜欢网络中的"人机"对话式交往，热衷于从网上寻找所谓的友谊。在网络世界里，一些职业学校的学生觉得自己可以随心所欲，无拘无束，信口开河；一些学生谈天说地，谈情说爱，沉浸于网恋，不能自拔，甚至为此荒废学业，导致职业学校的学生违背网络交往的道德规范，自我约束力明显下降。

（四）择业心理问题

1. 择业依赖萎缩心理

虽然目前我国实行"双向选择，自主择业"的就业制度，但是很多职业院校的学生还是寄希望于学校或父母给自己寻找就业去向，自己不敢独立做主，主动寻找就业信息或进行自我推荐。他们往往采取观望、等待的态度，常常导致错失就业机会。

2. 就业紧张焦虑心理

能不能顺利就业，成为职业院校学生的一个"心病"。一些职业学校的学生一方面认为自己的学历低，专业水平又不强，对自己就业应聘缺乏信心，害怕"毕业就是下岗"；另一方面又无法改变现实，整天忧心忡忡，寝食不安，过度紧张和焦虑。

3. 择业思维定式心理

许多职业院校的学生被自己所学的专业所困，希望能找到一个既有社会地位，又非常体面的收入高、待遇好的轻松工作。一旦无法实现上述目标，一些职业院校的学生就显得无所适从，心理极度矛盾。这说明职业院校的学生受择业定式思维的影响，缺乏开拓创新精神和创业能力。

三、心理调适的具体原则

（一）自我心理调适方法

（1）了解并接纳自我；
（2）发展健康的态度；
（3）积极拓展人际关系；
（4）选择并从事适当的休闲或社会活动；
（5）参与进修，继续学习，增强个人的调适能力；
（6）必要时寻求专业心理咨询人员的协助。

（二）心理调适的普遍性原则

（1）认知多一点理性，少一点非理性。
（2）情绪多一点快乐，少一点烦恼。
（3）意志多一点坚强，少一点脆弱。
（4）人生多一点努力，少一点退缩。

（三）自我挫败

自我挫败思想也指非理性想法，通常是自我打击。

自我挫败（self-defeated thought）可基于一些绝对的字句，例如彻底、永远、所有、不应该等等。

1. 自我挫败思想的十个谬误

（1）完美主义（All or Nothing Thinking）

世上本就没有十全十美的东西，最重要的是全力以赴尽力而为。

（2）以偏概全（Overgeneralization）

事实上，虽然失败了，但我仍可继续尝试和努力。

（3）吹毛求疵（Selective Abstraction）

事实上，每件事情都有其优美的地方，亦并非想象中那么差。

（4）偏重消极（Disqualifying the Positive）

事实上，在我的生活中，有很多愉快的事情。

（5）妄下判断（Jumping to Conclusion）

事实上，没有充分的根据之前，我们很难下判断。

（6）言过其实（Magnification or Minimization）

事实上，我有很多可爱可取的地方。

（7）强加责任（Should Statements）

事实上，我无须时时强迫自己。

（8）情绪支配（Emotional Resonance）

事实上，这只是感觉，可能并不是事实。

（9）罪魁祸首（Personalization）

事实上，很多问题的产生是与我无关的。

（10）不由分说（Labeling and Mislabeling）

事实上，我们可以给予自己及别人改善的机会。

2. 强化个人自信心的四个步骤

（1）随时设想自己正朝着成功之路迈进。

（2）要能自主，不要去模仿别人。

（3）尽量多了解自己欣赏自己。

（4）要实际地评估自己的能力。

 练一练

评估你的支持系统

请将你身边的人按近亲、知己好友、一般朋友或机构分为三个层次，每个层次挑出 3 个代表性人物，将其姓名按层次填入下图。并且为该人物对你的支持程度打分，分数从 1 分到 5 分，填在姓名后面。1 分最低，表示非常不支持；5 分最高，表示非常支持。

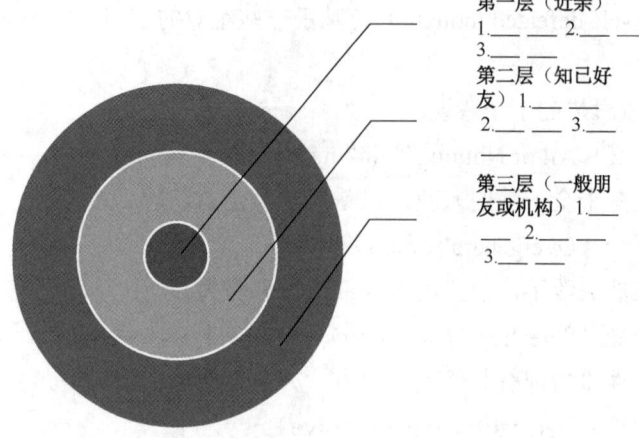

四、心理调适的方法

1. 注意力转移法

寻找新的刺激，追求新的兴奋点来抵消或冲淡原来的兴奋中心，使不良情绪逐渐消失，如：听听音乐，参加体育运动，进行自我娱乐，接受大自然的熏陶，参加有兴趣的活动，投入新的有挑战性的工作等等。

2. 心理宣泄法

诱导患者将自己致病的积郁内心的痛苦倾吐出来，使症状得以消失。包括流泪、倾诉法、读书法、写"压力自传"、写日记，自我反思、宣泄。

3. 认知调整法

通过认知纠正，以合理的思维方式代替不合理的思维方式，最大限度地减少不合理的信念给人们的情绪带来的不良影响。

4. 音乐疗法

音乐可以纾解身心的紧张，使人放松，恢复干劲。音乐还可消除心中的烦恼，诱导睡眠。音乐能使人精神焕发，消退低落的情绪。

模块二　自我意识

话题一　认识自我

学习目标

1. 知晓健全自我意识的标准。
2. 了解优化自我意识的途径。
3. 具备判断自我意识健康与否的能力。
4. 能够运用所学的知识就如何优化自我意识进行普及宣传。

案例导入

悦纳自我　向阳而生

小张，某校初一学生，刚进校，老师就发现他好动，话多，管不住自己，且自我观念很差，经常扰乱课堂纪律，不尊重别人，平时与父母基本上不沟通。小张曾多次因为扰乱课堂纪律被叫到办公室，但是他拒不承认错误，态度强硬。后经老师多次沟通后，小张自述他从小不在父母身边长大，父母感情不和，经常吵架，在他幼年时他妈妈甚至因为跟他爸爸吵架而在他面前自杀等。等他稍大一点之后，父母

之间吵架变少了，但是经常冷战，他妈妈经常跟他说的话就是：要不是因为你，我早就跟你爸离婚了。要不是因为你，我现在过的不知道多好……所以他从小就觉得自己是个累赘，是多余的，觉得父母不关心他，不爱他，因此自我封闭，拒绝跟父母沟通。进入中学之后，他开始仇恨他的爸爸，觉得他爸爸对他妈妈不好，因此会跟他爸爸对着干。

小张表面话多，好动，扰乱课堂纪律甚至仇视怨恨其父母，从而拒绝沟通。实质上，根本性的问题在于：小张存在认知偏差，导致自我价值感低，同时缺少关心和爱，从而导致他心理和行为上的异常。在家里，他拒绝跟父母沟通，性格倔强，有时候宁愿饿着，也不找父母拿钱吃饭。因为缺爱，所以不信任老师和同学，加上其自我价值感较低，内心一方面需要爱需要获得关注，一方面又拒绝爱、拒绝别人的关心和帮助。因此干脆以沉默、封闭、逃避、压抑等方式待人处事，以达到心理上暂时的平衡。小张的问题，实际上就是自我认知偏差的问题。因此，引导他正确认识自我，学会积极的自我陈述，形成正确的自我价值感和自我认知尤为重要。

经过学校老师长达两年的咨询和跟进，小张明显变得自信、快乐多了。他开始学会重新认识自己，重新认识周围的人和事，甚至重新认识父母和家庭关系。开始悦纳自己，并接受父母的关系和爱，也不再出现那种变相的求关注行为，正确的自我认知逐步形成，健康的人格开始显现，开始逐渐走向成长。

 探究与体验

一、健全的自我意识的标准

健全的自我意识的标准如下：

第一，自我意识健全的人，应该是一个有自知自明的人，既知道自己的优势，也知道自己的劣势，能正确评价自我和发展自我。

第二，自我意识健全的人，应该是自我认识、自我体验和自我控制相协调的人。

第三，自我意识健全的人，应该是积极自我肯定的、独立的并与外界保持协调一致的人。

第四，自我意识健全的人，应该是理想自我与现实自我相统一的人，有积极的目标意识和内省意识，积极进取，自强不息。

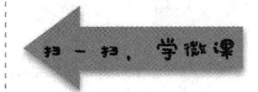

▲ 塑造健全的自我意识

 **想一想**

根据上面四条标准，判断你是否具有健全的自我意识？

二、优化自我意识的途径

1. 全面正确的认识与评价自我

德国著名作家约翰保罗曾说："一个人的真正伟大之处，就在于他能够正确认识自己。"正确认识和评价自己是自我调控的重要因素，是塑造、完善自我意识的基础。要做到正确的自我意识，有以下方法：

（1）通过自我反思和自我评价来认识自我；

（2）在他人的评价中认识自我；

（3）在与他人的比较中认识自我；

（4）通过自我比较来认识自我；

（5）通过自己的活动表现成果来认识自我。

2. 欣然接受自我，恰当展示自我

对年轻人来说，认识自我固然不易，但接受自我常常更难。心理研究表明，心理健康者比心理障碍者更多表现出对自我的接受和肯定。年轻人对自己的容貌、性格、才能或家庭某些方面不满，又无力改变时，便产生自我排斥。欣然接受自我要能做到全面正确地评价自己，正确对待自己的短处和失败之处。

3. 科学地塑造自我

科学地塑造自我首先要正确认识自己的长处和不足。顺境时切勿自视过高，逆境时切勿自暴自弃。

如何塑造自己？

（1）要确立明确的行动目标；

（2）培养坚强的自控能力。

4．增强自制力

自制力是指一个人在意志行动中，控制和调节自己的情绪、约束和支配自己言行的能力。

怎样增强自制力呢？

（1）加强心理素质训练，完善个性结构，开展心理健康辅导咨询，修正自我、完善自我。

（2）在外部形成一种约束机制，包括思想教育、行为规范的塑造，和相应的管理章程，奖惩制度。

 练一练

我眼中的自己
我期待的自己

话题二 自尊与自信

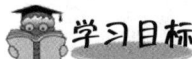

学习目标

1. 知晓自尊的概念。
2. 了解自尊、自信的具体表现。
3. 具备培养自尊、自信的能力。
4. 能够运用所学的知识就如何培养自尊、自信进行普及宣传。

案例导入

自尊故事：不为五斗米折腰

东晋大诗人陶渊明曾任彭泽（今江西湖口县）。有一次，郡守派督邮来县巡视，县吏对陶渊明说，按官场礼节，要整齐冠冕，束紧衣带，以下属礼参见。陶渊明本就随意惯了，诸事不拘常礼，更何况胸有高情逸志，于是感叹道："岂能为五斗米而向乡里小人折腰？"即日辞官归隐，再不出仕。

▲ 自尊

一、自尊的概述

自尊即自我尊重，是个体对其社会角色进行自我评价的结果。自尊首先表现为自我尊重和自我爱护。自尊还包含要求他人，集体和社会对自己尊重的期望。

$$自尊=自我抱负×社会尊重$$

自尊即自我尊重而已，指既不向别人卑躬屈膝也不允许别人歧视、侮辱，但并不代表他人在现实中对相应主体的敬重。

自尊具体表现为两个方面：

（1）自我尊重和自我爱护（自我抱负）。

（2）期望他人，集体和社会给予自己相应的敬重。

二、自尊的培养

1. 自尊来源于自尊需要

自尊来源于自尊需要，包括两方面：一是对成就、优势与自信等的欲望；二是对名誉、支配地位、赞赏的欲望。

要培养正确的自尊心，需要做到以下几点：一是寻找个人自尊的支点（支点指自己突出的优胜和长处）；二要有正确的方向（培养个人的自尊，应当懂得把个人的自尊上升为集体，国家的自尊）。

2. 自尊来源于社会比较

心理学家认为，自尊是通过社会比较形成的。我们每个人都有了解自己的需要，都需要知道自己在团体和社会中所处的位置，从而体会自身的价值。一般来说，社会比较主要有两种方式：一种是与比自己强或好的人比较，我们通常称为上行比较；另一种是与比我们弱或差的人比较，我们通常称为下行比较。

3. 自尊来源于知耻

（1）自尊始于知耻，有了羞耻心，人才能节制自己的行为，不做庸俗卑贱的事情，有尊严地生活；

（2）有了羞耻心，我们会为自己的不当行为而难为情；

（3）有了羞耻心，我们做错了事会感到惭愧；

（4）有了羞耻心，我们辜负了他人的期望会觉得内疚。

▲ 自信

自信故事：爱因斯坦坚持相对论

爱因斯坦的"相对论"发表以后，有人曾创造了一本《百人驳相对论》，网罗了一批所谓社会名流对这一理论进行声势浩大的反驳。可是爱因斯坦自信自己的理论必然会取得胜利，对反驳不屑一顾，他说："如果我的理论是错的，一个反驳就够了，一百个零加起来还是零。"他坚定了必胜的信念，坚持研究，终于使"相对论"成为20世纪的伟大理论，举世瞩目。

三、自信的培养

如果缺乏自信时，一直做些好像没有自信的举动，就会愈来愈没有自信。缺乏自信时更应该做些充满自信的举动。为了克服消极、否定的态度，我们应该试着采取积极、肯定的态度。我们应该像砌砖块一样一块一块砌起来，堆砌我们对人生积极、肯定的态度。

1. 练习正视别人

一个人的眼神可以透露出许多有关他的信息。不正视别人通常意味着：在你旁边我感到很自卑；我感到不如你；我怕你。正视别人等于告诉你：我很诚实，而且光明正大。

2. 练习当众发言

拿破仑·希尔指出,有很多思想敏锐、天资聪颖的人,却无法发挥他们的长处参与讨论。并不是他们不想参与,而只是因为他们缺少信心。从积极的角度来看,如果尽量发言,就会增加信心,下次也更容易发言。所以,要多发言,这是信心的"维他命"。

3. 怯场时,不妨道出真情,即能平静下来

冷静地观察自己内心的情况,而后毫无隐瞒地说出观察结果。若能用这种方法,把时刻都在变化的心理秘密,毫不隐瞒地用言语表达出来,那么就可以减少很多心理问题的产生。

4. 做自己能做的事

做自己做得到的事时,个性会显现出来。重要的是,与其纠结于恢复自我的形象,不如找出现在可以做的事。知道应该做的事,然后加以实行,就可以从自我的形象中获得解放。

总之,要试着记下马上可以做的事,然后加以实践。没有必要非是伟大、不平凡的行动,只要是自己能力所及的事就足够了。

 拓展阅读

小故事

寒冷的冬天,几个流浪汉为了躲避风雪,便挤在一处豪宅的屋檐下取暖,当豪宅内有人出来驱赶他们时,却被屋主——一位心地善良的富翁阻止了,富翁不仅留下了他们,还吩咐手下为他们提供一些食品和衣物。此后,富翁更特意请人将屋檐加大加宽,以便更多无家可归的穷人能在他的屋檐下过冬。富翁的子女一再反对父亲的做法,随着屋檐下聚集的人越来越多,豪宅四周的环境渐渐变得又脏又乱又嘈杂,可富翁依然固执己见,听不进儿女的劝告。

然而,令他伤心的是,屋檐下那些受他恩惠的穷人们不仅不感激他的庇护,反而指责他、非难他,并逐渐从恶言相加发展到行动,时不时给他制造一些混乱和冲突。

思考

(1)这个故事的主题是讲自尊还是自信?

(2)为什么被给予恩惠的穷人会指责、非难好心的富商?

(3)富商的做法有什么不妥,应该如何做?

原因: 面对流浪汉们的以怨报德,富翁终于明白:虽然自己的善心可嘉,但他的善举却伤害了他人的自尊。让一群生活贫困的人生活在富人的眼皮底下,时时感受着彼此间巨大的差距,还要迫于生计接受他人的施舍,内心的不平衡和屈辱感已抵消并盖过了感恩之情。

做法：终于，富翁接受了子女的建议，拿出钱款在社区建立专门的庇护站，拆除了豪宅外扩建的屋檐，将无家可归的人安置在庇护站内。

结果：富翁的豪宅重归舒适与安宁，而生活在庇护站的人们也感念富翁的德行，口口相传，富翁俨然成为人们心目中的慈善家。

小故事

19 世纪末的一天，伦敦的一个游戏场内正在进行着一场演出，突然，台上的演员刚唱两句就唱不出来了，台下乱得一塌糊涂。许多观众一哄而起，嚷嚷着要退票。剧场老板一看势头不好，只好找人救场，谁知找了一圈也找不到合适的人。这时，一个 5 岁小男孩儿站了出来。"老板，让我试试，行吗？" 老板看着小家伙自信的眼神，便同意让他试一试。结果，他在台上又唱又跳，把观众逗得特别高兴，歌唱了一半，好多观众便向台上扔硬币。小家伙一边滑稽地捡起钱，一边唱得更起劲儿了。在观众的欢呼声中，他一连唱了好几首歌。又过了几年，法国著名的丑角明星马塞林来到一个儿童剧团和大家同台演出，当时，马塞林的节目中需要一个演员演一只猫，由于马塞林的名气太大，许多优秀的演员都不敢接受这个角色，还是那个小男孩又自告奋勇地站了出来，大家都为他捏了一把汗，谁知他和马塞林配合得非常默契。

思考

（1）这个故事讲的是自尊还是自信？

（2）试着猜测这个故事讲的是哪位名人？

（3）给我们的启示是什么？

这个小男孩，就是后来名扬世界的幽默艺术大师——卓别林！

在现实生活中，我们渴望一展才华的机会，早日找到人生的梦想舞台，然而，当机会来临的时候，我们常常会顾及这样或那样的问题，犹豫不决，踌躇不前，以至于错失了一个又一个实现梦想的机会，最终落得一连串的遗憾。有时候，可能我们什么都不缺，唯独缺少大声说一句"让我试试"的勇气！

 练一练

请完成下列句子。

（1）如果老师让我在大会上发言，衣着上我会注意_____

（2）当别人骂我没本事、没用时，我会_____

（3）同学给我取了个难听的绰号，并当着大家的面叫时，我会_____

（4）学校举行演讲比赛，好友鼓励我参加时，我会_____

（5）在众人面前需要我发言时，我会_____

（6）当班级集体出游，遇到突发状况，班级负责人暂时不在时，我会_____

模块三　人际关系

话题一　人际关系概述

学习目标

1. 知晓人际关系的概念。
2. 了解人际交往的原则。
3. 具备正确处理人际交往的能力。
4. 能够运用所学的知识进行正常的人际交往。

案例导入

故事一：

穿行在沙漠中的两个人是一对好朋友。途中，两人发生了激烈争执，其中的一个人掌了另外一个人一记响亮的耳光。被掌耳光的人什么话也没有说，只是在沙子上写着："今天，我最好的朋友在我的脸上打了一耳光。"他们继续行走，终于发现了一个绿洲，两人迫不及待地跳进水中洗澡，很不幸，被掌耳光的那个人深陷泥潭，眼看就要被溺死，他的朋友舍命相救，终于脱险。被救的人什么话也没有说，在石头上刻下一行字："今天，我最好的朋友救了我的命。"打人和救人的这个人问："我

▲ 人际关系的类型

打你的时候，你记在沙子上，我救你的时候，你记在石头上，为什么？"另一个人答道："当你有负于我的时候，我把它记在沙子上，风一吹，什么都没有了。当你有恩于我的时候，我把它记在石头上，什么时候都不会忘记。"

故事二：

有个年轻人，脾气挺大，总是动不动就和身边的人吵架。有一天，他的父亲对他说："孩子，你想改变现在的脾气吗？我教你一个方法。你每生一次气，就在院子外面篱笆的木桩上钉一颗钉子，而你每次想发脾气，但又忍住没有发时，你就将以前钉过的钉子拔掉一颗。这样一定会有意想不到的收获。"半年过去了，年轻人的脾气好了许多。有一天，父亲又把他叫到身边，问他："篱笆上还有多少钉子呀？"年轻人有点得意地告诉父亲，钉子都没有了。父亲说，你去看一看拔掉钉子的地方留下了什么？年轻人真的去看了，每一个木桩上都留下了一个坑。父亲说："人与人相处，每一次争吵都会在对方的心灵上留下一个伤痕，就算事情过去了，也无法完全抚平。你要学会包容。"

 探究与体验

一、人际关系概念

人际交往是人与人之间由于交往而产生的一种心理关系。

主要表现是：人与人之间在交往过程中关系的深度、亲密性、融洽性等心理方面联系的程度。

二、人际交往五大原则

1. 平等原则

做人要有人格，要如孟子所说：大丈夫"富贵不能淫，贫贱不能移，威武不能屈"。无论什么人、无论地位高低，渴求平等的心情是一样的。社会主义社会人与人之间的关系是平等的关系，在我们的社会里，人们之间只有社会分工和职责范围的差别，而没有高低贵贱之分。

2. 尊重原则

尊重包括自尊和尊重他人两个方面。自尊就是在各种场合自重自爱，维护自己的人格。尊重他人就是重视他人的人格，保护他人的隐私。只有尊重他人才能得到他人的尊重。

3. 真诚原则

真诚是人际交往的基本要求，所有的人际交往的手段、技巧都应该建立在真诚交往的基础之上。在交往中，只有彼此抱着心诚意善的动机和态度，才能相互理解、接纳、信任，感情上引起共鸣，使交往关系巩固和发展。古人说："以诚感人者，人亦诚而应。"

4．宽容原则

人际交往中，要学会宽以待人，豁达大度，只要不是原则性的问题，就不必过于计较。宽容有助于扩大交往空间，滋润人际关系，消除人际间的紧张和矛盾。雨果说过："世界上最宽阔的是海洋，比海洋宽阔的是天空，比天空更宽阔的是人的胸怀。"

5．互助原则

交往双方互相关心、互相帮助、互相支持，既可满足双方各自的需要，又可以促进相互的联系。一人有难，众人相帮；一方有难，八方支援。在朋友最需要的时候，给予帮助，会使对方铭记于心，从而加深双方的情谊。

三、人际交往技巧

1．建立良好的第一印象

人际关系是在人们的交往中产生的。交往伊始，谁不想给对方留下一份美好的印象呢？同样，谁不想与留下好印象的人继续往来，以此作为深入交往的基础？

2．主动交往

在现实生活中，有许多人尽管与人交往的欲望很强烈，但仍然不得不常常忍受孤独的折磨，他们的友人很少，甚至没有友人，因为他们在社交上总是采取消极的被动的退缩方式，总是等待别人来首先接纳他们。

3．关心帮助别人

患难识知己，逆境见真情。当一个人遇到坎坷，碰到困难，遭到失败时，往往对人情世态最为敏感，最需要关怀和帮助，这时哪怕是一个笑脸，一个体贴的眼神，一句温暖的话语，都能让人感到振奋。

4．不要批评、指责或抱怨别人

5．看到别人的优点，给予真挚诚恳的赞赏

话题二 同伴关系

 **学习目标**

1. 知晓同伴关系的概念和特点。
2. 了解影响同伴关系、人际交往的心理学效应。
3. 具备正确处理人际交往的能力。
4. 能够运用所学的知识进行正常的人际交往。

 **案例导入**

同伴关系案例

小柳，16岁，是一名在校学生。平日里爱好玩耍，对学习没有太大的兴趣，朋友、同伴较少，又不大合群。与同学交往，喜欢讲大话，情绪反复无常，犯错就推卸责任；自制力差，意志力薄弱，不讲信用。为了能讨得经常与他玩耍、又会玩的朋友的欢心，希冀对方能跟他一起玩，便采用了只要能和他玩，就给对方钱或礼物的做法。几次下来，父母给他的零花钱早早花光，他不得不向同学和其他朋友借钱，却又还不上，以致负债累累。为此，他一度处于自卑、自弃的无助状态。

在这个案例里，小柳的同伴关系正常吗？他对同伴关系的态度合理吗？

 探究与体验

一、同伴关系

1. 概念

同伴关系是指年龄相同或相近的儿童之间存在的一种共同活动并相互协作的关系，是同龄人间或心理发展水平相当的个体间在交往过程中建立和发展起来的一种人际关系。

2．特点

（1）友谊占据着十分重要和特殊的地位

朋友之间的情谊称友谊，它是建立在理想、兴趣、爱好等一致和相互依恋基础上的一种感情关系。研究表明，儿童时期的个体在情感上最依恋的对象是父母，朋友则处于相对次要的地位。随着年龄的增长，这种情感依恋的重心便逐步由父母转向了朋友，并日益得以确定和加强。有研究表明，大多数人都认为自己结交朋友最多的是在中学时期。

（2）小团体现象突出

由于空间上容易接近、年龄相当、品行相同等因素的影响，大多数学生都加入非正式的小团体中。这些小团体的成员相互间有高度的忠诚感，在行为方面也有很大的约束力。

在学校班级里，我们时常看到三五个学生在一起总有说不完的话。他们有的有共同的兴趣，同是某些明星的"粉丝"，在一起谈歌星、影星、球星；有的是有共同的爱好，不时地交流新歌、好碟、图书、玩具、饰物；有的以互联网作平台，共同在网络世界获得信息、交友聊天；有的是有共同的价值取向，在一起谈天说地，大到天下大事，小到鸡毛蒜皮，彼此交流、相互评论，信息传递畅通随意；有的是性格相似、脾气相投，彼此能讲心里话；有的是在班里、学校里地位或处境相同，学习好的、学习差的、外来的，等等都成为聚集在一起的理由；还有的是由于学习和品行方面的问题不受老师重视、被同学歧视走到了一起，他们彼此为"哥们儿"撑腰、打抱不平、甚至违规违纪与社会上的不良青年混在一起。一些老师、家长对学生中的"扎堆""抱团"现象很是反感，担心他们不把心思用在学习上，浪费太多时间影响学业，尤其是对那些学习成绩不好、有偏差行为的学生组成的小团体十分担忧，有的老师说这样的学生"不服管"，称为德育的"死角"。有的家长担心孩子交友不当而学坏了。

从积极的方面看，学生小团体成员之间的交往，是他们紧张的学习生活之余彼此交流、放松的一个渠道。学生们在平等的无拘无束的气氛中谈论共同关心和感兴趣的事情，包括那些在学校或家庭中不能或不准讨论的话题。

有研究表明，当他们遇到困难、挫折、思想烦闷等问题时，倾向于向同龄知己咨询和倾诉的，远远高出向家长、老师咨询和倾诉的比例，而小团体中的成员是最多的倾诉对象。学生小团体成员一起做事、相互扶助，彼此依恋，对于许多独生子女来说，也在一定程度上弥补了家中没有兄弟姐妹的缺憾。

学生中的这种非正式群体与班集体、团支部、少先队、学生会等正式群体互为补充，在学生的同伴交往中具有非常重要的作用，是现代社会青少年的一个重要的社会化环境。

学生小团体也有消极的方面，比如小团体较强的凝聚力也突出表现在自卫性和排外性上，排斥其他人，有时会影响正式群体中同伴的和睦相处；小团体成员往往重感情轻理智，如果有同学或老师损害自己或小团体成员的利益，甚至会一哄而起，群起而攻之；有的追求奢华的生活方式，相互攀比，吃喝玩乐无节制；有的排斥老师和学校的管理，与正式群体发生冲突；也有的具有较强的江湖义气和帮派意识，个别的发展为小帮派，对其他同学构成威胁，甚至存在演变为犯罪团伙的危险。

二、影响同伴关系及人际交往的心理学效应

1．首因效应

首因效应有时又称为第一印象的作用，指的是知觉对象给知觉者留下第一印象对社会知觉的影响作用。

具体来说，就是初次与人或事接触时，从心理上产生对某人或某事带有情感因素的定势，从而影响到以后对该人或该事的评价。对决策中收集正确的情报加以分析而言，这种效应是不利的。

无论第一印象是好是坏都是片面的。

2．刻板效应

有些人总是习惯于把人进行机械的归类，把某个具体的人看作是某类人的典型代表，或把对某类人的评价视为对某个人的评价，因而影响正确的判断。

人们不仅对接触过的人会产生刻板印象，还会根据一些不是十分真实的间接资料对未接触过的人产生刻板印象。如：老年人保守，年轻人冲动；北方人豪爽，南方人善于经商等等。

3．近因效应

近因效应指的是某人或某事的近期表现在头脑中占据优势，从而改变对该人或该事的一贯看法。近因效应与首因效应是相对应的两种效应。

首因效应一般在比较陌生的情况下产生影响，而近因效应一般在较熟悉的情况下产生影响。两者都是对人或事的片面了解而主观臆断，使得决策信息失真。

4．罗森塔尔效应

美国心理学家罗森塔尔考察某校，随意抽了18名学生，把他们的姓名写在一张表格上，交给校长，并认真地说："这18名学生经过科学测定智商很高。"时隔半年，罗森塔尔再次来到该校，发现这18名学生的确表现超常。

罗森塔尔效应就是期望心理中的共鸣现象。如领导在交办某一项任务时，不妨对下属说："我相信你一定能办好""我想早点听到你成功的消息。"这样下属就会朝你期待的方向发展。

 **想一想**

你能举例说明你的生活中有哪些体现心理学效应的具体事件吗?

一般来说,要改变同伴交往的问题可采用社会支持的方法。即学校与家庭配合,改善他们与周围的关系,特别是应注意融洽他们与亲人及同学之间的关系,满足他们爱与归属的需要,让他们感到家庭和班集体的温暖,心理上有安全感,消除戒备心理,能够接受别人并与之交往,同时要注意让他们扩大交往范围。

父母应多帮助他们主动与他人交往,从与亲戚交往,扩大到与亲戚的朋友交往;从与一个同学交往,到与这个同学的朋友交往,逐渐扩大交往范围,让他们走出封闭的自我。对于严重孤僻不愿与人交往的学生,老师可以先让他们同比自己年龄小或低年级的学生交往,以显示他们的交往能力,提高他们的自信心。特别是多与性格开朗的人在一起活动,情绪受到感染,也会使自己变得开朗起来,还可以鼓励他们多参加集体活动。

三、青春期的同伴关系

1. 青春期

目前来说是指 15~18 岁,也就是高中阶段,也有说包含了中学阶段的,也就是 12~18 岁,是包含在青春期里面的。

2. 爱情与友情的区别

(1) 排他性,是爱情区别于友情最显著的特点。朋友可以有很多个,但是恋爱对象有且只能是一个。

(2) 冲动性,恋爱双方表现出来的强烈的亲近欲望。

(3) 隐蔽性,恋爱中的男女不愿在大庭广众之下表露自己的情感。

3. 青春期性心理发展三阶段

(1) 疏远异性阶段(初期):即使原来经常在一起的异性同学或邻居,这时变得彼此疏远起来。在高小和初中读书的男女少年,这一点往往表现得很突出:男女界限分明,见面谁也不打招呼。这一普遍的现象有两种变异形式:一是厌恶同龄的异性,在学校里男女同学互相指责攻击;二是喜欢接近年龄很大的异性,似乎是一种代偿。

(2) 接近异性阶段(中期):对异性怀有好感,甚至欣赏,愿意跟异性彼此接近。此时,男女青年都倾向于在异性面前显示自己。女孩子特别注意打扮,多少带些夸张地表现女性所特有的姿态和行为。男孩子倾向于卖弄知识,显示自己的体力或运动技巧,有时,为了显得有"男子气",不惜做些愚蠢可笑的事,如跟人打赌一口气吃几十根冰棍。这一阶段由于过分的害羞,一般不出现男女个别的频繁地接触。

（3）爱慕异性阶段（末期）：一般来说，初恋从这时开始发生。但是在我国，大多数青年男女在 20 岁以前还没有胆量或不愿意公开向自己爱慕的异性表示爱情，这是值得重视的。以上只是很笼统的概括，变异很多也很大。这说明：性心理受着文化传统、教育状况和社会舆论、家庭背景、个体性格及流行的文艺作品等许多因素的影响，而不只是生物学所决定的东西。

想一想

1. 你有没有在一个特殊的时候明显感觉到对于情感有了不一样的体会？
2. 在生活中，同伴给你各种支持了吗？请举例说明。

话题二 师生关系

学习目标

1. 知晓师生关系的概念。
2. 了解师生关系的类型和特点。
3. 具备正确进行师生交往的能力。
4. 能够运用所学的知识帮助建立正常的师生关系。

案例导入

有一位表现积极、工作负责的体育委员,在一次体育活动中,体育老师没有认真听取他的合理化建议,武断地自我否定,挫伤了这位学生的工作积极性,使他对体育老师产生了对抗心理。具体的表现是:情绪低落、孤僻、对体育活动不再像以前那样积极负责了。这位学生的这些变化未能引起体育老师的重视,致使师生之间的心理距离越来越远。这位体育委员不光消极对待学习,还偶尔故意犯些小错误。每次犯错误后,体育老师都采用简单的方式处理,有时是粗暴地批评,有时是不闻不问,后来干脆撤消了这位同学的体育委员职务。职务被撤消后,这名学生的情绪更是一落千丈,上体育课总是迟到,甚至旷课,后来产生严重的体育"厌学"心理,干脆再也不参加体育活动了。

在你身边是否也有这样类似的情况发生?你会怎么帮助他呢?

探究与体验

师生之间不仅有正式的教育关系,还有因情感的交往和交流而形成的心理关系。心理关系是师生为完成共同的教学任务而产生的心理交往和情感交流,这种关系能把师生双方联结在一定的情感氛围和体验中,实现情感信息的传递和交流。

一、师生关系的类型

师生关系的类型如下。

1. 放任型

特点：教师采取放任的作风，却不负任何实际责任，给予学生充分的自由，要他们学习自己所感兴趣的东西；教师不控制学生的行为，也不理会学生的方法，一切活动由学生自己进行选择。

2. 专制型

特点：教师在教室内采取专制的作风，并担负全部的责任，计划班集体的活动，安排学习情景，指导学习方法，控制学生的行为；学生没有自由，只有听从教师的命令，对教师往往是敬而远之。

3. 民主型

特点：教师以民主的方式教学，重视集体的作用，与学生共同计划，共同讨论，帮助学生设立目标，指引学生对着目标进行学习。

▲ 建立和谐师生关系

师生关系是教师与学生在教育过程中以"传道、授业、解惑"为中介而形成的一种最基本、最主要的人际关系，也是一定社会政治、经济道德等关系在教育领域中的反映与体现。师生关系是一种特殊的人际关系。千百年的教育教学实践证明，良好的师生关系有利于调动师生双方的积极性、主动性和创造性；有利于形成轻松愉快、生动活泼的教学气氛；有利于提高教学信息的传输速度和效率，从而有效地进行教学活动，完成教学任务。

日常生活中许多同学由于在跟与老师的相处中产生了一些问题，从而产生了负面情绪，进而影响到了自己的日常学习生活。

师生关系在学生的人际关系网络中是一种纵向关系，教师是学生学习的指导者和管理者。俗话说"严师出高徒"，对学生严格要求是必要的，但严格并不代表"一言堂""家长制"，教师要理解和尊重学生。师生心理关系对教学活动具有重要影响，是教学活动得以展开的心理背景，并制约着教学的最终结果。同时，良好的教学过程和教学结果，会促进师生情感关系更加融洽和谐，所以加强师生之间的相互理解和沟通，直接关系到学生的"学"和教师的"教"，甚至会对学生世界观、价值观的形成产生很大的影响。优化师生心理关系是师生关系改革的现实要求。

想一想

1. 有人将今天大学的师生关系分为情谊、交易、工作三种类型，你赞同吗？为什么？
2. 在建立良好的师生关系的过程中，侧重点是在学生还是在老师？

二、建立和谐的师生关系

首先，学生要主动积极的接近老师。其次，学生应该真诚的尊重老师。最后，学生要学会体谅老师。

和谐的师生关系是教育活动的灵魂。和谐师生关系的建立，形成了师生在课堂内外交往方式的"友好界面"。相互尊重、严格而宽容的爱使学生喜欢也敢于向老师倾吐内心深处的秘密；教育教学活动中反馈的信息量增大，可信度提高；培养出的学生懂得尊重他人，与人相处、协调的能力增强。同时，这种"友好界面"将对学生的学习积极性、向往性和兴趣性产生重要的影响。

练一练

同学之间来一次角色扮演，进行角色互换，有人扮演老师，有人扮演学生，创设一个学校情景，角色必须要有老师甲，学生A、B，地点是学校，如果有可能，也可以自行增加角色。

模块四　性心理

话题一　青春期与性心理

学习目标

1. 知晓青春期的概念。
2. 了解青春期个体的各项变化。
3. 具备正确认识常见性心理问题的能力。
4. 能够运用所学的知识正确过渡青春期。

案例导入

小云，女，初二学生。性格过于外向，喜欢和男生打闹，满校区追逐，有早恋倾向和严重追星情结。父母各尽其职，母亲基本闲赋在家，只负责孩子生活方面，爱好搓麻将，来学校接孩子时即便和老师遇到也不加以交流，纵容孩子的很多不良习惯，比如饮食，在家每餐不是吃泡面就是吃零食。父亲是商人，常出差，对孩子有教育投资意识但苦于无方。只希望孩子能考上高中就好，小云只畏惧父亲。有时候小云上课迟到，精神困顿，小云自己说是因为前晚看喜欢的明星的电视节目直到凌晨，还坦言，希望成为明星，只要能红，让大家记住自己什么都无所谓。

▲ 青春期的变化

小云的这种状态正常吗？老师应该怎么处理？

一、青春期的概念

青春期是指由儿童逐渐发育成为成年人的过渡时期。青春期是人体迅速生长发育的关键时期，也是继婴儿期后，人生第二个生长发育的高峰期。世界卫生组织（WHO）规定青春期为 10～20 岁。女孩的青春期开始年龄和结束年龄都比男孩早 2 年左右。青春期的进入和结束年龄存在较大的个体差异，可相差 2～5 岁。

二、青春期的变化

变化一：身体外形的变化

在青春期里身高和体重的变化是最明显的。在这个时期，男孩女孩平均每年长高 6～8 厘米，有的达到 10～12 厘米。体重是身体发育的一个重要标志，它反映了肌肉的发展、骨骼的增长以及内脏器官的增大等发育情况。

如果你的饮食搭配合理、营养全面、身体健康，你就是最美的。由于遗传基因不同、后天的成长环境多异，每个人的身体外形不一样。有的高一些，有的矮一些；有的胖一些，有的瘦一些；有的健壮，有的瘦弱。这些都是正常现象，如果过度关注自己的身体外形，不愿意接受真实的自己，就是自卑的表现。

变化二：生理机能的变化

青春期的人体生理机能迅速增强，男孩肌肉强健，女孩身材丰满；脑与神经系统逐步成熟，脑对人体的调节功能大大增强，分析理解判断问题的能力迅速提高，大脑的兴奋性很强，所以很容易接受新鲜事物。这个时期的学生精力充沛，想象力丰富，喜欢独立思考问题，加上他们批判性的特点，他们很少有保守的思想，富有创造性。

但是，脑和神经系统最后成熟要到 20 至 25 岁以后，受脑垂体、甲状腺、肾上腺分泌激素的影响，青春期的学生情绪不易稳定，激动、烦躁、自控能力弱。所以，这时期的学生要注意一定不能冲动行事，避免造成终身的遗憾。

变化三：第二性征的出现及性机能成熟

第二性征是指身体形态上的性别特征。进入青春期后性腺机能开始活跃，性激素分泌增多，青春期少男少女的身体形态出现性别特征，进而促进性器官、性功能发育成熟。

女孩的第二性征表现为乳房隆起、骨盆变大、皮下脂肪增多、阴毛和腋毛出现等。

男孩的第二性征表现为出现胡须、喉结突出、嗓音低沉、阴毛和腋毛出现等。

生殖系统发育成熟标志着身体发育的完成，性腺发育成熟表现为女性出现月经，男性出现遗精。

变化四：心理发展的矛盾性

青春期生理上的急剧变化冲击着心理的发展，使少男少女的身心发展失去了平衡。生理上的快速成熟使青少年感觉自己已经是成年人，而心理的发展相对缓慢，他们的认识能力、自控能力、社会经验都与成年人有很大的差距。所以，青少年要求社会、家庭、学校把他们当作成人信任、尊重，而成人社会了解到他们只是处在半成熟期，无法给予他们真正的、完全的信任。因此就会出现一些矛盾，比如：他们希望自主决定自己发展的大事，承担相应的责任，但是遇到问题时他们又要依赖家长的理解、支持和帮助。

这些都是人的成长过程中必经的矛盾和冲突，我们要理性地对待这些矛盾。

变化五：性心理的发展

随着生理的不断发育成熟，男生女生在性心理方面出现明显特点，他们意识到两性的差别、两性的关系。原来认识的一个完整世界从此一分为二，就像磁场中不可分割的两极，在男孩和女孩的心灵中间不断撞击，产生耀眼的火花。从这一时候开始，他们告别了无忧无虑的童年，在人生的旅途上迈出了一大步，并且开始体验社会、体验人生、体验自我。

想一想，以下的情况你是否遇到过？

- 嘲笑那些身材矮小，瘦弱的同学；
- 拿别人的身材开玩笑；
- 用难听的话议论女生丰满的胸部或没有发育的胸部；
- 依仗自己身材高大健壮横冲直撞；
- 因自己的胸部丰满或不丰满而苦恼；
- 对遗精有紧张情绪；
- 对来月经很焦虑；

▲ 性心理冲突

- 觉得自己比别的男生的生殖器小很担心；
- 偷偷看一些不健康的书刊、网页。

……

你进入青春期后发生了哪些变化？

三、常见性心理问题

（一）性心理冲突

1. 性别认同的困扰

对自己的性别认同是一个人性心理健康的重要表现。有少数同学不喜欢自己的性别，羡慕异性的性角色，甚至希望改变性别。无论对于男生还是女生而言，不认同自己的性别、性别自贱的心理都是不正常的，严重的话对学习生活、人际交往、未来的家庭造成不利的影响。

2. 性认知偏差

受中国传统文化的影响，不少同学对性有不正确的认识，对性难以认识无所适从，甚至对自己的性冲动感到羞愧、自责。少数人认为性是龌龊下流的，自己头脑中的性意识是不该出现的危险品，因此产生了厌恶感、烦躁不安、强行压抑自己，造成了心理的紧张焦虑，影响了自己的学习生活以及同异性的正常交往。还有一部分同学受西方"性自由"思潮影响，欣赏性解放行为，对性很草率很放纵。

持有上述两种不正确观点的同学要认真学习科学的性知识，避免因为对性的认识偏差造成心理障碍和行为失当。

3. 性的白日梦和性梦

当人们对异性交往强烈的渴求不能实现时，就可能发生性的白日梦，也称性幻想，是自编、自导、自演的与异性交往的心理过程。他幻想出一些在日常生活中不能满足的与异性一起约会、拥抱、接吻的场景，导致身体的兴奋，在一定程度上可以缓解人们的性压力。但是过度的性幻想，成天沉溺其中，把性幻想当成现实，就是一种病态的表现。

▲ 常见性困惑

性梦是人在睡梦中梦见与异性对象发生性关系、出现性冲动或性高潮的现象。

性梦是青少年性心理比较普遍的一种表现，可以在一定程度上缓解心情紧张。

一些学生因为缺乏对性知识的认识，就对自己的性梦感到焦虑、自责。严重的会影响学习和人际交往，干扰自己的健康发展。

4. 性自慰困扰

手淫又称性自慰，我国一直沿用"手淫"这个名称，是指用手或其他器具、其他方式刺激性器官获得快感，疏泄性冲动的一种方式。然而，正是"万恶淫为首"的"淫"字，使许多有此行动的青少年陷入了负罪感、羞耻感、伤身感等诸多的焦虑不安情绪中，成为性焦虑的主要心理原因。

5. 性骚扰

性骚扰就是在对方不自愿的情况下进行有"性"的语言刺激和行为的活动。

常见性骚扰的形式有：对异性动手动脚；在拥挤的公交车上故意碰撞或紧贴异性，甚至有摩擦动作；借问路、问时间纠缠异性，提出交朋友的要求；在异性面前说黄色笑话、下流语言；死缠烂打地向异性"求爱"；向异性暴露自己的生殖器等。

男生也会受到性骚扰，如女性故意挤靠男性；网络上莫名其妙地弹出一些性感图片，或是在与陌生异性聊天时，对方说出一些下流的话语等等。

面对性骚扰我们不能选择沉默和逃避，这无助于事情解决，甚至会让"色狼"变本加厉，及时勇敢地应对性骚扰是可以避免受到侵害的，所以不能软弱退让。

想一想

面对性骚扰,我们可以怎么做?是告诉老师家长或者警察还是默默忍受?为什么?

(二)常见性困惑

处于青春期阶段的青少年常常会觉得自己产生了很多"奇怪"的变化,明显的就是身体的变化,比如个子突然变高了,再比如胸部也鼓了起来……面对着这一切,男孩女孩们感到有些不知所措。这些变化,既让他们感到兴奋,因为自己长大了,也让他们感到好奇、羞怯,还有一些迷茫,甚至恐惧,因为有很多事情是他们想知道的、需要知道的,却又羞于去问父母、问老师。他们只能将一个个问题埋藏在心底。

1. 性生理困惑

(1)性体相焦虑

男同学希望自己高大健壮、女同学希望自己苗条漂亮。有的男生觉得自己矮小、瘦弱,缺少男子汉气质。有的女生觉得自己过于肥胖、长得不出众,感到苦恼。还有男生对生殖器的发育状况很担心,女生对乳房的大小很敏感。还有肤色、青春痘等等问题。

(2)遗精恐惧

部分男生对遗精有着不正确的认识和心理反应,每当出现此现象就会感到不安、苦恼、困惑、羞愧、恐惧。其实遗精是性成熟的表现,是正常的生理现象,要正确认识,顺其自然。同时要积极参加文体活动,使生活丰富多彩,也要减少色情内容的刺激。

照镜子时的自我感觉

(3)月经焦虑

月经对于女生来讲,是周期性的生理反应。有些女生会出现下腹和腰部沉坠感、腰酸,有的容易疲劳、暴躁、情绪不稳定、乳房肿胀等感觉。

一是要学习一些生理知识，了解自己经期的规律和特征；二是保持精神的愉快、维持稳定的情绪；三是多吃一些富含维生素的食物，不要吃生冷辛辣食物。必要时及时就医。

（4）男人，避孕有责

生育和避孕长期以来一直是女人的主题，避孕给女性的生理和心理带来负担，也给女性的健康带来一定的影响；提倡男女平等，男人需要担负起保护另一半的责任，注意性安全合理避孕，正确使用避孕套可达到 98%的避孕效果并且可有效防止性病传播。

（5）远离流产

随着流产手术的上升趋势和低龄化倾向，女性生殖系统感染、子宫穿孔、月经失调、子宫内膜异位症、甚至不孕症的发生率也在不断上升。

未婚女性因为受到周围工作环境、家人及朋友的压力，在怀孕后往往私自去做人流手术，不能得到正常的休息。

未婚女性去设备简陋、医术低劣的私人诊所做人流手术，还有的女性自己去药店买药，在没有任何专业指导下进行不安全的药物流产，后果都是不堪设想的。

练一练

请判断下面说法是否正确
1. 异性之间也有纯洁的友谊。
2. 异性之间交往要有分寸，双方都要自重自爱。
3. 阴茎和乳房的大小和性功能无关。
4. 与异性打闹要注意分寸。
5. 好女孩都是远离男孩的。
6. 如果外表有些不足可以通过内在修养来弥补。
7. 只有外表出色的人才有吸引力。
8. 为了增强对异性的吸引力，必须让外表另类或暴露。

话题二 预防艾滋病

学习目标

1. 知晓有关艾滋病的基本常识。
2. 了解艾滋病的常见传播途径和临床表现。
3. 具备正确预防艾滋病的能力。
4. 能够运用所学的知识保护自己免遭艾滋病侵害。

案例导入

中共中央政治局常委、国务院总理李克强日前就加强艾滋病防治工作作出重要批示。批示指出：艾滋病是严重危害人民健康和生命安全的重大疾病，加强防治工作是实施健康中国战略的重要任务。党的十八大以来，各地区、各相关部门认真贯彻党中央、国务院决策部署，切实落实各项防治措施，将艾滋病持续控制在低流行水平，成绩应予充分肯定。望全面深入贯彻党的十九大精神，坚持以人民为中心的发展思想，按照新时期卫生与健康工作方针，针对艾滋病传播流行的新形势和新变化，进一步落实防治责任，加大投入力度，扎实推进实施"十三五"艾滋病防治行动计划。加强科研攻关，努力突破防治瓶颈。结合深化医改着力完善防治服务体系，提供更有针对性的预防治疗服务，特别要加大对受艾滋病影响的贫困人群帮扶力度。建立防治和科研人员激励保障机制，充分调动社会组织等各方力量，促进全社会广泛参与，倡导健康文明生活方式，推动形成共担防艾责任、共享健康权利、共建健康中国的良好局面。

截止2017年年底，知晓感染状况的艾滋病毒感染者为66万，其中接受治疗的有49万。值得注意的是，2016年中国94.7%的新发现感染者和患者由性传播，其中异性传播占67.1%，同性传播占27.6%；中国新发现的病毒感染者中，男性是女性感染者的3.7倍。

基于国内艾滋病形势严峻，那么什么是艾滋病？又该如何预防呢？

探究与体验

一、艾滋病的基本知识

众所周知，艾滋病是一种危害性极大的传染病，是由感染上艾滋病病毒（HIV）而引起的，死亡率很高。有数据表明，全球至少已有三千多万人死于艾滋病，由此可见艾滋病威力之大。在现实生活中，很多人遇到艾滋病病毒携带者都会避而远之，虽然这在一定程度上会被人认为是歧视心态的表现，但从内心层面来说是可以理解的。但是，为免伤害发生，还是要多了解艾滋病发展，避免不良行为的出现。

艾滋病（AIDS）即获得性免疫缺陷综合征，病原体是人类免疫缺陷病毒（HIV），由于 HIV 的感染使机体免疫力下降，引起一系列感染、肿瘤等，最终可导致死亡。病死率高、传播速度快，危害严重，全世界每年为艾滋病付出 5,000 亿美元代价。目前尚未找到根除的药物和有效的疫苗。

我国艾滋病流行情况：1985 年报道了第一例艾滋病患者。2001 年底报告的感染者 30736 例。估计实际感染人数为 85 万，31 个省市全部发现感染者。

艾滋病病毒是一种逆转录病毒，它的遗传物质是核糖核酸（RNA），100-140 纳米。主要攻击对象是 T 淋巴细胞和巨噬细胞。现已发现艾滋病病毒有两种血清型，全世界的流行以 I 型为主，艾滋病病毒的抵抗力很弱。

二、艾滋病传播的途径

1. 性传播

性传播全球占 75%（异、同、双性）。

艾滋病传播的途径

性接触传播 · 母婴传播 · 经血液传播 · HIV

2. 血液传播

血或血制品、共用注射器吸毒、创伤性诊疗等。

3. 母婴传播

传播几率 15%～40%，主要通过胎盘、分娩期、哺乳期感染。

三、艾滋病临床表现

艾滋病感染的病程：

艾滋病病毒感染：病毒进入机体，没有明显临床症状，进入无症状期，此期有 1 年到 10 年甚至更长。

艾滋病患者：有一系列临床表现，半年到两年内死亡。

1. 急性感染期

病毒进入机体后 1～4 周，感染者可能出现类似流感的表现，如发热、淋巴结大、肌肉疼痛等。

2. 无症状感染期

感染者进入无明显症状的临床潜伏期。

艾滋病相关综合征：感染者出现无疼性的全淋巴结肿大、发热、盗汗、腹泻、消瘦及真菌感染。

3. 艾滋病期

机会性感染：卡氏肺孢子虫肺炎、肺结核、念珠菌感染、口腔毛状粘膜白斑等。

肿瘤及神经系统症状：卡波济肉瘤、淋巴瘤、鳞癌、基底细胞癌、痴呆等，晚期患者可极度消耗。

4. 窗口期

从艾滋病病毒进入人体到血液中产生足够量的、能够用常规的方法查出艾滋病病毒抗体之间的时期。大多是在 2 周到 3 个月之间，少数可达 6 个月，有传染性。

临床诊断艾滋病病毒感染者：血液艾滋病病毒抗体确证试验为阳性。

艾滋病患者：血液艾滋病病毒抗体确证试验为阳性，并具有下列表现之一：

（1）原因不明的持续不规则低热长达 1 个月以上；

（2）原因不明的持续全身淋巴结肿大达 1 个月以上（淋巴结直径在 1cm 以上）；

（3）慢性腹泻 3～5 次/日，且 3 个月内体重下降 10%；

（4）口腔或内脏的念珠菌感染；

（5）卡氏肺孢子虫肺炎；

（6）巨细胞病毒感染；

（7）弓形虫脑病；

（8）新生隐球菌脑膜炎或肺炎；

（9）败血症；

（10）反复发生的细菌性肺炎。

（11）皮肤粘膜或内脏的非结核分支杆菌病；

（12）反复发生的疱疹病毒感染；

（13）中青年出现痴呆症。

 **想一想**

你能说出艾滋病的传播途径吗？

 **练一练**

基于你了解到的有关艾滋病的常识，请做一期有关艾滋病的科普黑板报。

模块五　情绪管理

话题一　情绪概述

学习目标

1. 知晓情绪的概念。
2. 理解情绪的要素和成分。
3. 具备觉察自己或他人情绪变化的能力。
4. 能够运用所学的知识控制自己的情绪。

爸爸早上起床洗漱，随手把自己的高档手表放在洗漱台上，妈妈看到了，为了不让手表被水浸坏，就把它放到了饭桌上，儿子吃早餐时不小心把表碰到地上给摔坏了，于是爸爸狠狠地把儿子批评了一顿，又跟妻子吵了一架。

爸爸吵完架，早餐也没吃就出门了，快到公司时才发现自己的公文包落在了家里，于是他急匆匆地跑回家，这时妈妈已经上班去了，儿子也上学去了。可是，爸爸的门钥匙放在公文包里，于是他只能再打电话给妈妈，让她送钥匙回来。妈妈接到电话后也急急忙忙地往家赶，结果不小心撞翻了路边的水果摊，摊主拉着不让她

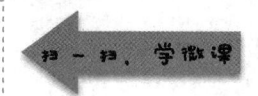

▲ 情绪的要素及成分

走，在赔了一笔钱之后妈妈才得以脱身。

当爸爸拿到公文包，回到公司时，已经整整迟到 15 分钟，受到上司一顿严厉的批评。这一天爸爸的心情坏到了极点，下班前又因为一件小事跟同事吵了一架。妈妈也因为早上的早退被扣除当月的全勤奖。儿子今天有棒球比赛，原本他很有夺冠的希望，但是因为早上被爸爸批评了，心情很不好，发挥不佳，在第一局就被淘汰了。

在这个故事里大家看出什么了吗？起因是一块手表，但是，导致一系列后续不愉快事情的是爸爸对待整件事情的情绪。可见情绪控制不好，造成的后果是多么严重。那么什么是情绪呢？又该如何控制呢？

 探究与体验

一、情绪的概念

情绪是指高兴、快乐、痛苦、悲哀等，一般发生时间短，而且容易变化。人们通常以愤怒、悲伤、恐惧、快乐、爱、惊讶、厌恶、羞耻等反应来说明情绪。常说的喜、怒、哀、惧、爱、恶、欲七情，也可以被称作情绪。

情绪总是同人的需要动机密切联系的，如人的某种需要得到满足或目的没有达到时，将会产生愉快或者难过的感受。

因此，情绪是客观事物是否符合个体的需要所产生的态度体验，是人脑对客观事物和人的需要之间关系的反映。

情绪：情绪在生活中是人的心理状态的晴雨表，它反映着每个人内在的心理状态。

无论是欣喜若狂，还是悲痛欲绝；是孤独不安，还是热情奔放，我们都在体验着各种各样的情绪。

人处于青年期，情绪波动较大，情感体验复杂而丰富，经常会面临着各种各样的情绪困扰。对学生情绪心理正确地认知和疏导，对其学习、工作与生活都将很有裨益。

二、情绪的要素及成分

人类有数百种情绪，面对复杂的情绪现象，心理学家通常把情绪归结为三个方面：内心的情绪体验、外在的情绪表现、情绪的生理变化。

1. 内心的情绪体验

内心的情绪体验是人脑对客观环境和客观现实的重要反应形式之一，这种反应形式不同于认知活动，它不是对客观事物本身的反应，而是带有主观色彩的反应。

简单地说，就是人对情绪状态的自我感受，是在强度、紧张度、激动度和确信度四个维度上产生的心理感受。

2. 外在的情绪表现

外在的情绪表现即表情，具体指面部表情、言语表情和体态表情。表情在情绪活动中具有独特作用，是情绪本身不可分割的发生机制，也是传递情绪信息的外在表现。如有人遇到伤心、悲痛的事就捶胸顿足、呼天抢地，遇到高兴的事就手舞足蹈。

3. 情绪的生理变化

当情绪产生时，身体的各项器官都会发生相应的变化（如心跳）和物理反应。随着脑和神经系统的变化，机体的其他内脏器官也随之产生不同的生理变化，如呼吸急促、心跳加快等。

情绪的生理变化既是主观体验的深化，又是外在情绪表现的基础，在情绪结构中起着承上启下的作用。

练一练

1. 分享你记忆中十分快乐的一件事情。
2. 觉察自己生活中的各种情绪，并记录下来。

话题二 情绪特点及问题

 **学习目标**

1. 知晓情绪调节的重要性。
2. 了解青少年学生情绪的特点。
3. 具备分辨常见情绪问题的能力。
4. 能够运用所学的知识控制自己的情绪。

案例导入

两个秀才一起去赶考,路上他们遇到了一支出殡的队伍。看到那一口黑乎乎的棺材,其中一个秀才心里立即"咯噔"一下,凉了半截,心想:完了,真触霉头,赶考的日子居然碰到这个倒霉的棺材。于是,心情一落千丈,走进考场,那个"黑乎乎的棺材"一直挥之不去,文思枯竭,果然名落孙山。另一个秀才也同时看到了,一开始心里也"咯噔"了一下,但转念一想:棺材,那不就是有"官"又有"财"吗?好,好兆头,看来今天我要鸿运当头了,一定高中。于是心里十分兴奋,情绪高涨,走进考场,文思如泉涌,果然一举高中。回到家里,两人都对家人说:那"棺材"真的好灵。

面对同样的事物——"棺材",两个秀才为什么有不同的感受呢?两个秀才带着各自的想法参加考试,出现了什么后果?

 **探究与体验**

一、青少年学生的情绪特点

情绪是个体与环境、事物之间关系的反映,它具有独特的主观体验和外部表现形式,对人的活动有着重要的影响。青少年学生的生理基本成熟而心理尚未完全成熟,易受到外界的干扰,因而对人、事、社会等各种现象特别关注,对新鲜事物十分好奇,对学业和未来充满信心,拥有许多积极的情绪,他们的每一个心理过程都是在某种特定的情绪背景下进行并受其影响和调节的。

1. 丰富性和复杂性

几乎人类所具有的各种情绪，都可在青少年身上体现出来，并且各类情绪的强度不一。

从自我意识的发展来看，青少年表现出较多的自我体验，自我尊重的需求强烈，易产生自卑、自负等情绪体验；

从社交方面来看，其交际范围日益扩大，与同学、朋友及师长之间的交往更细腻、更复杂，有的青少年还开始体验一种更突出的情感——恋爱，而恋爱活动往往又伴随着深刻的情绪体验，这对青少年有十分重要的影响；

在内容上，青少年的情绪呈现出相当丰富多彩的特征，以惧怕的情绪来说，大学生所惧怕的事物，主要与社会的、文化的、想象的、抽象复杂的事物，诸如害怕考试、怕陌生人、怕惩罚、怕寂寞等。

2. 波动性和两极性

青少年时期是人生面对多种选择的时期，交友、学习、恋爱等人生大事基本上在这一阶段完成。社会、家庭、学校及生活事件，都对大学生的情绪产生影响。

尽管认知水平有了一定的提高，对自己的情绪有了一定的控制能力，情绪以趋于稳定，但同成年人相比，相对敏感，情绪有明显的波动性。

一句善意的话语，一个感人的故事，一只动听的歌曲，一首情理交融的诗歌，都可能使青年情绪发生骤然变化。特别是在社会转型过程中，社会的变迁、体制的改革，新旧价值观的更替，种种复杂的社会现象，更容易使大学生产生困惑和迷茫，产生情绪的困扰与波动。并带有明显的两极化情绪：胜利时得意忘形，挫折时垂头丧气；喜欢时花草皆笑，悲伤时草木流泪。

3. 情绪的冲动性与爆发性

由于知识水平和认知能力的提高，青少年对自己的情绪能够有所控制。但由于他们兴趣广泛，对事物较为敏感，加之年轻气盛和从众行为，因而在许多情况下情绪易被激发，如急风暴雨不计后果，带有很大的冲动性。

他们往往对符合自己信念、观点和理想的事件或行为迅速发生热烈的情绪；反之则迅速出现否定情绪；个别的有时甚至会盲目地狂热，而一旦遇到挫折或失败又会灰心丧气，情绪来得快，平息得也快。

4. 阶段性和层次性

由于不同年级培养目标和培养重点不同，教育方式和课程设置有所区别，各个年级面临的问题不同，其情绪呈现出阶段性和层次性特点。

新生所面临的是环境的适应、学习方法的改变、新的交往对象的熟悉、了解以及新的目标确立等问题。新生自豪感和自卑感混杂，放松感和压力感并存，新鲜感和念旧感交替，情绪波动大。

二、三年级经历了一年级的适应过程，能够融入校园生活中，情绪较为稳定。

毕业班学生面临毕业论文及作业等多方面的重大问题，压力、情绪波动大。由于社会家庭及自身要求期望不同，能力、心理素质的差别，他们也会体现出不同的情绪状态。

5. 外显性与内隐性

大学生对外界刺激反应迅速敏感，喜、怒、哀、乐常形于色，比起成年人比较外露和直接；但比起中小学生，大学生会文饰、隐藏或抑制自己的真实情感，表现出内隐含蓄的特点。

一般而言，许多情绪是一眼就能看出的，如考试得第一名或赢得一场球赛，马上就能喜形于色。

但由于自制力的逐渐增强，以及思维的独立性和自尊心的发展，他们情绪的外在表现和内心体验并不总是一致的，在某些特定的场合和特定问题上他们会隐藏或抑制自己的真实情感，有时表现出内隐含蓄的特点。

例如对学习交友恋爱和作业等具体问题，他们往往深藏不露，具有很大的内隐性。例如有的学生对异性萌生爱慕之情，却往往给对方的印象是贬低、冷落人家。

想一想

你能分享自己的一种情绪，说出其中的一些冲突吗？以后你遇到会怎么做？

二、青少年的常见情绪问题

青少年学生总体来说是紧张的，社会期望高、心理压力大、学习负担重、竞争激烈，使青少年的情绪易处于紧张状态。一般认为适度的、情境性的负性情绪反应，如考试中的紧张，失恋后的悲伤等情绪是正常的。

如果没很好地处理生活和学习中的各种问题，极易导致过激的情绪问题从而影响身心的健康和发展。

（一）常见情绪问题

1. 焦虑

焦虑是紧张、害怕、担忧混合的情绪体验，是人们在面临威胁或预料到某种不良后果时，个体主观上产生的不安感。焦虑也是其他心理障碍共有的因素，如抑郁症与恐惧。由于焦虑与恐惧、担心、惊慌等相关，也有人将担心看作焦虑的认知成分，主要是以为将来会发生不愉快的事情。

焦虑作为一种情绪感受，可以通过身体特征体现出来，如肌肉紧张、出汗、嘴唇干裂和眩晕等。

焦虑只是矛盾、冲突的外显，他们在内心深处有一种无法解脱、不愿正视的心理问题，借此作为防御机制以避免更深层次的困扰。

青少年常见的焦虑有自我形象焦虑、学习焦虑与情感焦虑。

自我形象焦虑是担心自己不够漂亮、没有吸引力、体貌过胖或矮小等，也有的因为粉刺、雀斑等影响自我形象而引起的焦虑；自我焦虑主要与自我认知有关，需要通过调整自我认知重新接纳自我，建立新的自我形象。

青少年常见的焦虑还有与学习有关的焦虑。如学习焦虑、考试焦虑，在学生情绪反应中最为强烈，需要引起重视。情感焦虑多数由于恋爱受挫而引发的自我否定，认为自己不具备爱人与被爱的能力，因而过度担心引起焦虑。

2. 抑郁

抑郁症状不单指各种感觉，还指情绪、认知与行为特征。抑郁最明显的症状是压抑心情，表现为仿佛掉入了一个无底洞或黑洞之中，正在被淹没或窒息。其他感觉包括容易发火，感到愤怒或负罪感。

抑郁常常伴随着焦虑，对所有活动失去兴趣，渴望一个人独居，抑郁伴随着个体思维方式的转变，这些认知改变可以是一般性的，比如注意力不集中、记忆力衰退或者很难做出决定。在思考中可能有更多的消极转变，消极地看待世界、自我和未来。

因此抑郁的人很难回忆起美好的记忆，不适当地责备自己，认为他人更消极地看待自己，对未来感到悲观。

与此同时，还伴随身体症状，如常常乏力，起床变得困难，更严重时睡眠方式都将改变，睡得太多或者早晨醒得太早而且不能再次入睡。也可能出现饮食紊乱吃得过多或过少，随之而来的是体重激增或骤减。

抑郁是一种持续性的低落情绪体验，它常常与苦闷、不满、困惑等情绪交织在一起。

一般来说，这种情绪多发生在性格内向，好孤僻、敏感多疑、依赖性强、不爱交际，生活遭遇挫折，长期努力都不到报偿的学生身上。那些不喜欢所学专业，或因人际关系处理不当、失恋等问题的青少年易产生抑郁情绪。

3. 愤怒

愤怒是由于客观事物与人的主观愿望相违背，愿望无法实现时内心产生的激烈的情绪反应。心理学证实，当愤怒发生时可能导致人体心跳加快、心律失常、高血压等躯体及疾病，同时还会使人的自制力减弱甚至丧失，思维受阻、行为冲动，甚至干出蠢事或造成不可挽回的损失。

如有的青少年因一点不顺心的小事而暴跳如雷；有的因人际协调受阻而怒不可遏、恶语伤人；有的因别人的观点或意见与自己相左而恼羞成怒；有的因暂时的挫折或失败而悲观失望，痛不欲生。

这种情绪对青少年的影响是极其有害的，因而有人说："愤怒是以愚蠢开始，以后悔结束"。

4．嫉妒

嫉妒是指他人在某些方面胜过自己而引起的不快甚至痛苦的情绪体验。嫉妒是自尊心的一种异常表现，具体表现为当事人看到他人学识、能力、品行、荣誉甚至穿着打扮超过自己时，内心产生的痛苦愤怒的感觉；当别人深陷不幸或处于困境时则幸灾乐祸，甚至落井下石，再然后恶语中伤、诽谤。

在日常生活中嫉妒的存在是很普遍的。英国科学家培根说："在人类的一切情欲中，嫉妒之情恐怕要算作最顽强、最持久了。"

当看到别人比自己强势，心里就酸溜溜的不是滋味，于是产生了一种包含着憎恶与羡慕、愤怒与怨恨、猜疑与失望、屈辱与虚荣以及伤心与悲痛的复杂情感，这种情感就是嫉妒。

嫉妒对人的心理健康不利，具体表现在以下方面。

一是破坏人际关系的和谐。当一个人嫉妒另一个人的时候，就不会对那个人友善、热情，两个人的关系必然冷淡。嫉妒的对象越多，关系冷淡的对象越多，这就给人际交往带来极大的妨碍，甚至还会破坏集体的团结和良好的心理氛围。

二是造成个人的内心痛苦。一个嫉妒心强的人，常常陷入苦恼之中不能自拔。时间长了会产生自卑，甚至可能采取不正当的手段去伤害别人，使自己陷入更恶劣的处境。

5．冷漠

冷漠是指人对外界缺乏相应的情感反应，对生活中的悲欢离合都无动于衷。

具体表现为：凡是漠不关心、冷淡、退让的消极情绪体验。这种冷漠的情绪状态，多为压抑内心情绪的一种消极逃避反应。

具有这种情绪的人从表面上看表现为平静、冷漠，但内心却往往有强烈的痛苦、孤寂和压抑感。如果青少年长时间地处于这种情绪状态下，巨大的心理能量无法释放，若超过一定的限度，就会以排山倒海的形式爆发出来，致使心理平衡遭到破坏，影响身心健康。

冷漠与退缩一样，是一种消极情绪的内化而非外显的行为。事实上，冷漠比攻击更可怕。

冷漠会带来责任感的下降、生活意义的缺失与自我价值的放弃，可以说是有百害而无一利的消极情绪体验。

冷漠的形成多数与人生重大生活事件，与重要丧失有关，也与个体的生活经历有关。

练一练

能跟你的同学分享一次自己曾经的焦虑体验，以及自己是如何排解这种焦虑的情绪。

话题三

情绪调适

学习目标

1. 知晓理性情绪疗法的理论基础。
2. 学会理性情绪疗法的治疗方法。
3. 具备用正确的信念看待事物的能力。
4. 能够运用所学的知识调适自己的情绪。

 案例导入

甲和乙两个人在沙漠中旅行，结果迷路了。在他们非常渴的时候，看见一个草屋，进去后看到桌子上放着半杯水。

甲：幸亏还有半杯水，我还能再坚持一下。

结果——甲依靠半杯水找到了新的水源，从而走出沙漠。

乙：只剩半杯水了，喝了也不顶用。

结果——乙最终渴死在沙漠中。

想一想，为什么同一件事情不同的人会有不同的结果呢？

 探究与体验

一、理性情绪疗法

1. 理论基础

理性情绪疗法是由美国心理学家埃利斯创建的。他认为引起不良情绪或行为的原因并非事件本身，而是由于个体对事件的评价和解释造成的。

ABC 理论是理性情绪疗法的核心，它属于 3 种认知疗法中的一种，另外两种分别是认知行为矫正法和阿伦贝克对抑郁的认知疗法。

▲ 理性情绪疗法

在 ABC 理论中，A 是指外界的诱发性事件（Activating Events），即外界发生的客观事件；B 是指信念（Belief），即个人对外界发生事件的解读、评价，它是基于个体几十年的成长经历形成的，且通常是内隐的、不易为个体所察觉；C 是指结果（Consequence），即个体产生的情绪或心理反应，如焦虑、抑郁。

通常的观点认为是 A 引起了 C，但实际上我们产生的不良情绪 C 并不完全是由 A 引起的，A 只是一个间接诱因，我们的信念 B——对外界事件的解读才是直接原因。也就是说，同一事件由不同的人去解读，会产生不一样的行为和情绪，个体产生不同的情绪和反应是由直接原因 B 引发的，整个过程如下图所示。可以说，B 作用的发挥恰恰体现了人的主观能动性。

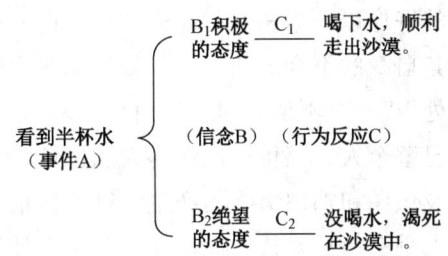

2．治疗过程

（1）心理诊断阶段：寻找求助者的不合理信念。

（2）领悟阶段：

实现三点领悟：①是信念而不是诱发事件本身引起了情绪及行为后果。②求助者对自己的情绪和行为反应应负有责任。③只有改变了不合理信念，才能减轻或消除各种症状。

（3）修通阶段：①与不合理信念辩论。②合理情绪想象技术。③家庭作业。④其他方法。

（4）再教育阶段：重建心理与行为模式。

二、不合理信念

人不是被事情本身所困扰，而是被其对事情的不合理信念所困扰。不合理信念就是个体内心中不现实的，不合逻辑的、站不住脚的信念。这些信念的特征包括绝对化（以自我为中心）、过分概括化（以偏概全）和糟糕至极（可怕推论）。

1．绝对化

绝对化是指人们以自己的意愿为出发点，对某一事物怀有认为其必定会发生或不会发生的信念，它通常与"必须""应该"这类字眼连在一起。比如："我必须获得成功""别人必须很好地对待我""生活应该是很容易的"等等。怀有这样信念的人极易陷入情绪困扰中，因为客观事物的发生、发展都有其规律，是不以人的意志为转移的。

举例：

两极化思维：所有的人都不喜欢我，我这么好，他们都应该选我。

极端内归因：班级没有评优都是我的错。

极端外归因：我今天这样都是父母的错。

一根筋：我就应该当班长（领导）。

低估积极信息：只要是父母，都会那么做的。

2．过分概括

这是一种以偏概全、以一概十的不合理思维方式的表现。艾利斯曾说过，过分概括化是不合逻辑的，就好像以一本书的封面来判定其内容的好坏一样。过分概括化的一个方面是人们对其自身的不合理的评价。如当面对失败或极坏的结果时，往往会认为自己"一无是处""一文不值"，是"废物"等。以自己做的某一件事或某几件事的结果来评价自己整个人、评价自己作为人的价值，其结果常常会导致自责自罪、自卑自弃的心理及焦虑和抑郁情绪的产生。过分概括化的另一个方面是对他人的不合理评价，即别人稍有差错就认为他很坏、一无是处等，这会导致一味地责备他人，以致产生敌意和愤怒等情绪。

举例：

贴标签：我可能不是个受大家欢迎的人。（好生，差生；好人，坏人）

以事辨人：上次他就做错了，这次肯定也做不好；以前我就失败过，这次肯定也不会成功。

情绪推理：我现在心情很不好，今天面试不会成功的。

3．糟糕至极

糟糕至极是一种认为如果一件不好的事发生了，将是非常可怕、非常糟糕，甚至是一场灾难的想法。这将导致个体陷入极端不良的情绪体验如耻辱、自责自罪、焦虑、悲观、抑郁的恶性循环之中，而难以自拔。糟糕就是不好、坏事了的意思。艾利斯指出这是一种不合理的信念，因为对任何一件事情来说，都有可能发生比之更好的情形，没有任何一件事情可以定义为是百分之百糟透了的。当一个人沿着这条思路想下去，认为遇到了百分之百的糟糕的事或比百分之百还糟的事情时，他就是把自己引向了极端的、负的不良情绪状态之中。

举例：

预测未来：这次考试我觉得自己过不了。

读心术：领导认为我不能胜任这个职位。

灾难化：如果这次考试过不了，我是不是以后就找不到工作了？

关注负面信息：总是有一些人不喜欢我。

持续假设：如果我紧张怎么办？如果我写错了怎么办？如果……

三、修通阶段常用方法

1. 与不合理信念辩论

（1）苏格拉底——"产婆术式"辩论技术。通过双方的交谈，在问答过程中，不断揭示对方谈话中自相矛盾之处；从而逐步从个别的感性认识，上升到普遍的理性认识。苏格拉底一贯自称无知，但却能帮助别人产生知识。

（2）黄金原则：像你希望别人如何对待你那样去对待别人。

2. 合理情绪想象技术

（1）进入不适情境，体验强烈负性情绪。

（2）协助改变不适体验。

（3）停止想象，体验情绪变化，及时强化。

练一练

运用 ABC 理论分析自己的情绪问题，并提出更好的解决方案。

话题四 情商智商

 **学习目标**

1. 知晓情商的重要性。
2. 了解情商的概念和能力。
3. 具备分辨智商和情商的能力。
4. 能够运用所学的知识提高自己的情商。

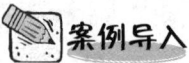 **案例导入**

小江是一家工程公司的安全检查员,他的职责之一就是监督在工地工作的员工们戴安全帽。以前,他一看到没有戴安全帽的员工,就打着官腔批评他们,要他们遵守公司的规定。

员工虽然表面上接受了他的批评,却满肚子不高兴,而且常常在他离开后,又把安全帽拿了下来。

小江察觉到这一点,于是纠正了自己的说话方式。下一次他发现有人不戴安全帽的时候,便询问他们:是不是安全帽的设计让他们不舒服?需要怎样改进?接着以令人愉快的声调提醒他们:戴安全帽的目的是保护工人们不受伤害,建议他们工作的时候一定要戴安全帽。

这样做的效果比以前好很多,也没有员工显得不高兴了。

情商高的人,不会用无用的批评来解决问题。在日常生活中,为什么说有时候情商比智商更重要呢?

探究与体验

如今,人们面对的是快节奏的生活,高负荷的工作和复杂的人际关系,没有较高的 EQ 是难以获得成功的,情商(EQ)会影响智商(IQ)的发挥。EQ 高的人,人

▲ 情感智商

们都喜欢同他交往，总是能得到众多人的拥护和支持。同时，人际关系也是人生的重要资源，良好的人际关系往往能获得更多的成功机会。

应试教育压力下，家长总是不惜花费大量时间、精力、金钱对孩子进行教育投资；结果却经常达不到预期效果，反而导致孩子厌学、学习独立性差、任性自私等。近几年，学生因学业压力、与父母沟通问题而选择离家出走、自杀的现象频频充斥人们的眼睛。

心理专家说，孩子学会做人比学会做学问更重要。然而很多家长都只注重对孩子智力的培养，而忽略了情商的训练，结果导致情商低的孩子越来越多。

一、情商的定义

情商是相对于智商（IQ）的一个概念，是情绪、情感商数的简称，也是情绪评定的量度。

情商是情感理论的新发展，情商高才能情绪稳定、意志坚强、乐观豁达，有利于自身的学习、工作以及人际关系的调整。

情感智商（Emotional Quotient，EQ），简称情商。是由美国心理学家丹尼尔·高尔曼提出的，他认为：利用智力测验或标准化的成就测量来衡量一个人的智力并预测其未来的成就，实际上比不上利用情绪的特质来衡量它更具有意义。

二、情商的五种能力

1. 认识自己的情绪

认识情绪的本质是情感智商的基石，当人们出现某种情绪时，应该承认并认识这些情绪而不是躲避或推脱。只有对自己的情绪有更大的把握，才能成为生活的主宰，更准确的决策婚姻、职业等大事，反之亦然。

2. 妥善管理情绪

情绪管理是指能够自我安慰，能够调控制自我的情绪，使之适时、适地、适度。这种能力具体表现在，通过自我安慰和运动放松等途径，有效地摆脱焦虑、沮丧、记录、烦恼等因失败而产生的消极情绪的侵袭，不使自己陷于情绪低潮中。这方面能力较匮乏的人常需与低落的情绪交战，而这方面能力高的人可以从人生挫折和失败中迅速跳出，重整旗鼓，迎头赶上。

3. 自我激励

自我激励指能将情绪专注于某项目标上，为了达成目标而调动、指挥情绪的能力。任何方面的成功都必须有情绪的自我控制——延迟满足、控制冲动、统揽全局。拥有这种能力的人能够集中注意力。把握自我、发挥创造力、积极热情地投入工作并能取得杰出的成就。缺乏这种能力的人，则易半途而废。

4. 认识他人的情绪

认识他人的情绪即移情的能力。是在自我认识的基础上发展起来的最基本的人际技巧。具有这种能力的人，能够通过细微的社会信号敏锐感受到他人的需要、欲望，能分享他人的情感，对他人处境感同身受，又能客观理解、分析他人的情感。该能力强者适合从事监督、教学、销售与管理的工作。

5. 人际关系的管理

人际关系的管理就是管理他人情绪的艺术。即调控与他人情绪反应的技巧。它包括展示情感、富于表现力与情绪感染力以及社交能力（组织能力、谈判能力、冲突能力等）。它可以强化一个人的受欢迎程度、领导权威、人际互动的效能等。一个人的人缘、领导能力以及人际和谐程度，皆与此有关。

该项能力强者，常是社交上的佼佼者；反之则易于攻击别人、不易与人协调合作。

三、情商与智商

长期以来，智商（IQ）一直作为衡量一个人的智力水平指标。但是，大量事实表明，高智商者不一定踏上了成功的坦途，而智商平平者也不乏卓越超群的成功者。

情商与智商截然不同，每个人都是两者的综合体，多数人都是情商与智商协调发展。

很多研究表明：情商是大学生人格能否健全、完整发展的重要因素。专家发现，学业上的聪明与情绪的控制关系不大，再聪明的人，也可能因情绪失控而铸就大错。

情感智商是发自内心的智慧，不仅决定着现实智力水平的发挥，还可预示良好的发展趋势。

 练一练

你能具体举例区别情商与智商吗？

模块六　学习心理

话题一　学习动机

学习目标

1. 知晓学习动机的重要性。
2. 理解学习动机的概念。
3. 具备激发学习动机的能力。
4. 能够运用学习动机理论提高学习动机。

案例导入

王某，男，17岁，刚进入学校时，满怀激情，几个月后，他发现学校生活不是他想象的那样美好。他变得伤感、消沉，对自己的现状表现出很大的不满。原来，他在初中时成绩名列前茅，同学羡慕，老师器重。然而入学后的几次考试，他的成绩只排在全班的中等水平，彻底打破了他入学时的美好幻想，情绪也一落千丈。他努力学习，但是成绩还是没有明显的提高。他想不通为什么会这样，感到力不从心，开始怀疑自己的能力。他开始上课迟到，有时旷课，最后他要求退学。

▲ 学习动机

 探究与体验

日常学习中，许多学生的状态是你说我就做，你不说我就不做，新技能无论怎么教就是教不会。之所以造成这种状况是因为教师在教学时往往忽略了一个很重要的因素——"动机"。

这样学生在学习过程中完全处于被动，完全不思考，不动脑，这也是为什么学生缺少主动意识，老师总觉得教不会。在集体学习过程中，你会发现语言并不一定阻碍沟通，认知障碍仅是一时无法理解行为规则，但是自我意识与动机的缺失会让人变得像"机器人"。

一、学习动机的概述

1. 概念

动机是激发、维持并使行为指向特定目的的一种力量。学习动机是指引发与维持学生的学习行为，并使之指向一定学业目标的一种动力倾向。它包含学习需要和学习期待两个成分，根据不同标准可以划分为不同类别。

2. 学习动机的作用

（1）激发学习；

（2）指向学习目标；

（3）维持学习活动；

3. 学习动机的类型

（1）高尚的、正确的动机和低级的、错误的动机；

（2）直接近景与间接远景学习动机；

（3）主导性与辅助性学习动机；

（4）外部与内在学习动机。

二、学习动机理论

1. 强化动机理论

代表人物：斯金纳

实质：操作性条件反射学说

现代的 S-R 心理学家不仅用强化来解释操作学习的发生，而且也用强化来解释动机的引起。认为引起动机同习得行为并无两样，都可用强化来解释。人们为什么具有某种行为倾向，完全取决于先前这种行为和刺激因强化而建立的牢固联系。

有研究表明，教师的批评与表扬，会影响到学生的成绩。事实上，教师表扬所起的强化作用，是受许多因素制约的。

例如，教师对学生说："好好干！我知道你们努力做的话，是能够做好的。"对那些感到难以完成任务的学生来说，这番话是种鼓励或强化；而对那些轻而易举完成学习任务的学生说来，这实际上类似于惩罚，因为教师这番话意味着，他们必须经过特别努力才能完成任务。

强化动机理论就其主要倾向来说，是联结派的学习动机理论。由于联结派的强化动机理论过分强调引起学习行为的外部力量（外部强化），忽视甚至否定了人的学习行为的自觉性与主动性（自我强化），因而这一学习动机理论有较大的局限性。

2．需要层次理论

代表人物：马斯洛

实质：五个层次的需要，前四种为缺失性的需要，后一种为成长性的需要。缺失性需要因满足强度降低，成长性需要因满足而增强。

马斯洛在解释动机时强调需要的作用，他认为所有的行为都是有意义的，都有其特殊的目标，这种目标来源于我们的需要。不同的人有不同的需要，而且这些需要会随着时间等因素而变化，这就是为什么两个不同的人在相同的情境下会产生不同的行为，同一个人在不同的时间里产生不同行为的原因。需要影响着人们行为的方式和方向。

马斯洛把人的需要分为七种，分别为：生理需要、安全需要、归属和爱的需要、尊重的需要、认识与理解的需要、审美的需要和自我实现的需要。他将前四种需要定义为缺失需要，后三种需要是生长需要。较低级的需要至少必须部分满足之后才能出现对较高级需要的追求

但一般说来，学校里最重要的缺失需要是爱和自尊，要使学生具有创造性，首先要使学生感到，教师是公正的、爱护并尊重自己的，不会因为自己出差错而遭到嘲笑和惩罚。

这个理论将外部动机与内部动机结合起来考虑对行为的推动作用，是有一定科学意义的。但忽略了人们本身的兴趣、好奇心等在学习中的始动作用，有些学习活动并不一定都是由外部动机所激发和引起的。

3．成就动机的期望——价值理论

代表人物：默里·麦克里莱和阿特金森

实质：某种行为倾向的强度是动机水平、期望和诱因价值三者乘积的函数。成就动机包含追究成功的动机和回避失败的动机两种成分。

默里将成就需要定义为：克服障碍，施展才能，力求尽快尽好地解决某一难题。

阿特金森认为，最初的高成就动机来源于孩子生活的家庭或文化群体，特别是幼儿期的教育和训练的意向。也就是说，成就动机涉及对成功的期望和对失败的担心两者之间的情绪冲突。如果用 T_s 来表示追求成功的倾向，那它是由以下三个因素所决定：①对成就的需要（成功的动机）M_s；②在该项任务上将会成功的可能性 P_s；

③成功的诱因值 Is。用公式可表示为：Ts=Ms×Ps×Is

决定对失败担心的因素类似于对成功希望的因素，即避免失败的倾向 Taf 是以下三个因素的乘积的函数：①避免失败的动机 Maf，也就是因失败而体验到的羞愧感的能量；②失败的可能性 Pf；③失败的消极式为：Taf=Maf×Pf×If。作为结果的成就动机由力求成功的倾向的强度减去避免失败的倾向的强度。Ta=(Ms×Ps×Is)－(Maf×Pf×If)

如果一个学生获取成就的动机大于避免失败的动机，他们为了要探索一个问题，在遇到一定量的失败之后，反而会提高他们去解决这一问题的愿望，而且如果获得成功太容易的话，反而会减低这些学生的动机。研究表明，这种学生最有可能选择成功概率约为 50%的任务，因为这种选择能给他们提供最大的现实挑战。

4．成败归因理论

代表人物：维纳

实质：用稳定性与控制点两个维度对成就行为进行归因。

维纳（Weiner，1974—1992）对行为结果的归因进行了系统探讨，发现人们倾向于将活动成败的原因即行为责任归结为以下六个因素，即能力高低、努力程度、任务难易、运气（机遇）好坏、身心状态、外界环境等。同时，维纳认为这六个因素可归为三个维度，即内部归因和外部归因、稳定性归因和非稳定性归因、可控归因和不可控归因。最后，将三维度和六因素结合起来，就组成了归因模式。

控制点		内部归因		外部归因	
稳定性		稳定归因	不稳定归因	稳定归因	不稳定归因
普遍性	普遍归因	智力不足	体质不佳	GRE 的试题太难	运气不好
	特殊归因	数学能力低	考数学那天感冒	GRE 的数学题太难	考数学那天天气不好

一个考试失败的学生的归因

三、学习动机的培养

（1）使用启发式教学；

（2）控制动机水平；

（3）给予恰当评定；

（4）维护学习动机；

（5）处理竞争合作；

（6）促使学生努力。

 练一练

列举你成功做好某件事的例子，可以是一次演讲，夏令营活动或者拔河比赛，你能运用归因理论进行正确归因吗？

话题二 常见学习心理问题

学习目标

1. 知晓学生常见学习心理问题。
2. 学会分析学习心理问题产生的原因。
3. 具备解决学习心理问题的能力。
4. 能够运用所学的知识帮助自己和他人改善学习心理问题。

案例导入

李娜是一名新生,对自己的学习成绩不够满意,开学那会她信誓旦旦地对自己说,她一定要在学校一展宏图,好好学习锻炼自己,让别人瞧得起她。她每天努力地学习,和同学们一起玩的时间也很少了。她参加各种活动,可是事实并不如她所想,参加社团干部的竞选失败,学习也不理想,很多课她都无法听懂,她现在很难过,甚至开始怀疑自己的能力,自信心这个词已经慢慢离她远去,对未来李娜很担心。

如果你是李娜,你会怎么办?

探究与体验

一、学生常见学习心理问题

1. 学习的主要心理问题

(1) 学习热情不足;

(2) 远离管束,缺少压力;

(3) 安于现状,不思进取。

2. 忽略知识的应用

(1) 忽视对知识的灵活应用和创造;

（2）所学知识简单用于应付作业和考试；

3．学习策略不多

（1）满足于机械识记、题海战术；

（2）缺少高水平的思维操作。

4．学习考试焦虑

症状：紧张不安、注意力分散、记忆力减退、思维迟钝、情绪烦躁，甚至头痛失眠等。

5．学习目标计划不明

 想一想

回想一下你在学校的学习过程中遇到了哪些问题，请把它们写下来，与同学们一起讨论如何更好地解决这些问题。

二、学习心理问题产生的原因

1．学习动机

首先要明确自己为什么学习，学习动机是什么，要把学习动机的强度保持在合适的强度上，不能过强也不能不足。

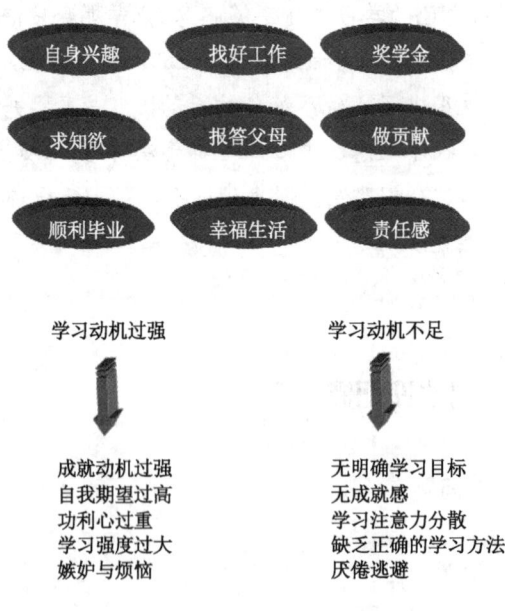

2．学习目标

学习目标的确定要符合 SMART 原则：

（1）具体的，而且科学的（Specific）；

（2）可衡量的，尽量量化和可描述的（Measurable）；

（3）可达成的，起到激励作用的（Achievable）；

（4）目标需要有一定的意义、有价值并有奖惩的措施（Rewarding）；

（5）有时间限制的（Time-bound）。

所占比例	目标状态	成就状态
27%	没有目标	社会底层
60%	目标模糊	社会下层
10%	有清晰但比较短期的目标	社会中上层
3%	有清晰且长期的目标	顶尖成功人士

练一练

我的理想	我的现实	现实和理想的差距	有利条件	不利条件	克服办法

三、考试焦虑和注意力不集中

（一）考试焦虑

考试焦虑是指因考试压力过大而引发的系列异常生理、心理现象。主要有以下表现：

（1）情绪表现：担忧、焦虑、烦躁、不安；

（2）认知表现：注意力不集中、记忆力下降、看书效率低、思维僵化；

（3）行为表现：坐立不安、手足无措；

（4）躯体表现：头痛、食欲下降、恶心、心慌。

（二）考试焦虑的原因

1．内部原因

（1）个性气质特点（争强好胜、过分敏感注重外在评价、盲目比较）；

（2）知识掌握与复习准备不足；

（3）思维认知片面狭隘。

2．外部原因

（1）就业压力；

（2）考试压力；

（3）环境压力。

 **想一想**

你知道什么样的动机有利于学习吗？

（三）考试焦虑与学习效率的关系

动机过强时，有机体处于高度的紧张状态，其注意和知觉的范围变得过于狭窄，反而限制了正常活动，从而使工作效率降低。此时可以发挥焦虑在积极方面的作用，抑制它在消极方面的作用。

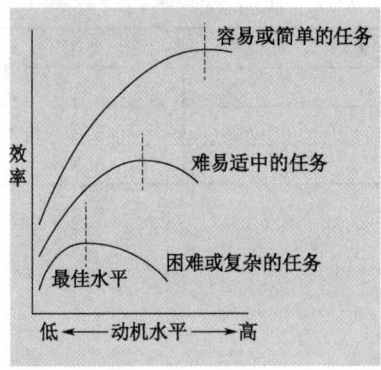

心理学研究表明，考试焦虑和学习效率之间是倒"U"型的曲线关系，就是说考试焦虑处于中等程度时，效率最高。适度的焦虑可以成为学习的一种内驱力，激发个体改变自身现状的紧迫感，从而为实现某种学习目标而努力。

（四）考试焦虑的调节

（1）找出焦虑的原因；

（2）客观归因、避免盲目自我责备与否定；

（3）客观评价自我，避免盲目攀比；

（4）学会放松；

（5）正确认识考试。

（五）注意力不集中

1．注意力不集中的表现

（1）听课不专心；

（2）易受环境干扰；

（3）注意力不易转移。

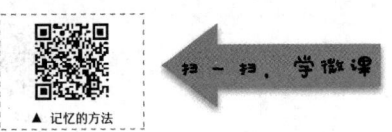

2. 注意力不集中的原因
(1) 学习动机不足；
(2) 重大事件的影响；
(3) 成长时期繁多的发展任务。

 **想一想**

你觉得注意力不集中的原因还有什么？

3. 注意力不集中的调试方法
(1) 养成良好习惯；
(2) 明确学习目标；
(3) 培养自控能力；
(4) 改善学习环境。

 **想一想**

你是否存在考试焦虑？
如果有，请把考试时的情绪和状态写下来，并想想如何克服。
如果没有，请写下你能轻松应对考试的方法，并和同学分享。

四、记忆的方法

1. 记忆的概念

记忆能力是指人们把收集到的信息和资料储存和再现的能力。记忆的过程可分为识记、保持、再认和再现四个方面，这四个方面互相联系，缺一不可。

2. 有效记忆的方法

(1) 分散记忆法

要记住所学知识，通常有集中记忆和分散记忆两种方法。集中记忆指在同一时间内不停歇地反复学习，直到记住为止；分散记忆法则是把学习时间分散开来，直到记住为止。

(2) 系统记忆法

零碎的知识点、零碎的定理公式容易忘却，如果把知识系统化、条理化，就会在脑海中留下深刻的印象，不易遗忘。

(3) 尝试回忆法

在阅读背诵知识的过程中可采用尝试回忆法记忆，做到"俯而读，仰而思"。在背记过程中不断地自己"考"自己，即自我复述或自我默写。这是一种多快好省的

▲ 读书的方法和应对压力的方法

记忆方法，记忆效率比较高。

（4）歌诀记忆法

心理学实验证明：10个无意义无韵律的字要背诵23遍才能记住，而10个无意义有韵律的字，只用14遍就可全部记住。

实践经验也证明：有节奏、有韵律的材料比没有节奏和韵律的材料好记得多。歌诀具有语言和谐压韵、节奏有序、便于上口的优点，因而将材料编成歌诀便于记忆。

（5）记忆链记忆法

记忆链记忆法是美国最受推崇的哈利·罗莱因的记忆方法。这种记忆方法最适用于英语。基本原理是：假设有必须记忆的A、B、C、D、E几件事，可首先在A与B间联想，然后，在B与C间联想……这样依次联想下去，只要想起A，就会产生连锁反应，所应记忆的几件事便都能回忆起来。

（6）多种感官协同记忆法

常言道：耳闻不如目见，眼看不如口说，嘴说不如手写。这说明了各种器官吸收知识的比率有很大差异。实践证明，运用多种感官协同记忆，可大大提高记忆效率。

（7）选择记忆法

目前，我们学习的科目多、知识量大，几年下来，如果要把所学知识全部背下来，再好的记忆力也是不可能做到的。这就要求同学们在学习过程中，既要善于记忆，又要善于遗忘。一定要记住的是各科要考查的知识点、规律和公式；对于知识点、规律、公式中用于叙述的一些无关紧要的词句，又要善于遗忘。

想一想

学习了本节课内容，你能根据你学到的知识填一填下面的表吗？

每周学习计划表

序号	一周学习目标	需要做的工作	按重要性排序	完成期限
1				
2				

五、读书的方法和应对压力的方法

学校无高低，专业无冷热，学习不是仅仅学一项出了社会马上就能用的技术。基础课程的学习是为掌握新的知识打下良好的基础。坚实的理论基础、系统的分析和解决问题的能力，独立思考问题的能力有利于我们适应复杂的社会。

1．读书的方法

（1）朱熹说过"读书之法，在循序而渐进，熟读而精思"。

（2）鲁迅学习的"十字法"：

多翻——多翻各种各样书籍，以开阔视野，启迪思路。

跳读——若是只看某个地方，无论如何都读不懂时，跳过去，向后看，前面的就可能明白了。

设问——带着问题去读书。

五到——心到、口到、眼到、手到、脑到。

立体——有一般的泛读，又能重点的深掘；既要有横断面，又要有纵剖面；既有对原著的钻研，又有对有关资料的射猎。

（3）陶行知学习的"十字诀"：

序——由浅入深，循序渐进；

勤——业精于勤而荒于嬉；

恒——持之以恒，锲而不舍；

博——从精出发，博览群书；

问——不耻下问；

记——多动笔墨，多做笔记；

习——温故而知新；

专——专心致志，专一博广；

思——多加思考，学会运用；

创——触类旁通，敢创新路。

（4）SQ3R 学习法：

概览　　Survey

问题　　Question

阅读　　Read

背诵　　Recite

复习　　Review

2．应对压力的方法

第一，以积极的心态面对学习压力。

第二，树立正确的学习观。

第三，制定适当的学习目标。

第四，运用积极想象法。

第五，创设良好的学习氛围。

▲ 考试心理辅导

练一练

1. 以下同学应对学习压力的方法，你认为合适吗？说说你的观点。

情境一：周红的学习压力很大，为了缓解压力，她买了一些算命的手册，如《星座运势》《生日密码》等。每当对前途悲观失望的时候，就看看手册上对自己将来的预测，心情就会好些。

情境二：高洁喜欢利用网络缓解压力。比如上网聊天、饲养网络宠物、玩网络游戏等。在这些虚拟的环境中，她会暂时忘记学习上的烦恼和对未来的担忧。

情境三：王刚学习压力大的时候特别喜欢看恐怖片。每当沉醉于那些令人惊恐的情境中时，他大声尖叫、疯狂发泄，就会感觉学习压力慢慢减轻了。

六、考试心理辅导

1. 考前的准备技能

（1）三轮复习法

第一轮，全面复习，各科内容都要从头到尾串一遍，使知识系统化。

第二轮，在全面复习的基础上，进行重点深入复习，分清主次，抓住关键，突破重点和难点。

第三轮，综合练习。这一轮复习侧重于解题训练，提高运用知识的能力。

（2）"四化"复习法

消化：消化、理解所学知识。

简化：将知识浓缩概括。将繁杂的知识简单化、零乱的知识条理化、相互之间逻辑化。

序化：按照各学科知识的内在规律与联系，进行比较、分析、综合和小结，使之有规律地进入存储系统，对知识进行"集装"。

系统化试卷复习法：

首先，将自己独立做过的试卷分学科编辑成册，编上序号，以便查找。

其次，把老师的讲解记录在试卷上，错了的题目记上正确答案，正确的记上其他的解题方法。

最后，考前或每隔一段时间，将试卷浏览一遍，重点看有记录的地方。

2. 考时的应考技能（临场发挥技巧）

基本的答题技巧

（1）明确答卷要求；

（2）安排好答题顺序，先易后难；

（3）合理控制答题时间；

（4）认真审题，细心答题；

（5）仔细检查，查漏补缺；

（6）书写快而清晰，卷面整洁。

3．考试中意外情况及处理

怯场——自我放松、自我暗示、转移注意、回忆成功经验。

记忆卡壳——放下这道题，先做别的题目，利用多种线索帮助回忆。

4．考后调整技巧

（1）调整情绪；

（2）正确归因；

（3）重建期望；

（4）试卷总结。

5．考试焦虑辅导中使用的正向自我语言

（1）面对这些问题不需要紧张。

（2）我知道我能应付这个考试。

（3）记住！放松！慢慢地！小心地做。

（4）我觉得我有能力去解答这些问题。

（5）做错了没有关系，可以从头再来。

（6）不要紧，按时交卷就可以了。

（7）今天的精神真好，我一定可以考好。

（8）题目要看清楚，一定没有问题。

（9）我已经尽力了，成绩好坏并不重要。

（10）把握每一段时间，做完后再检查一遍。

（11）考试是在检验我学会了多少，重要的是"学会它"而不是"得几分"。

（12）这道题不会没关系，先做会的。

（13）想一想这个问题要我做什么。

（14）还有时间，不要慌。

（15）考试是检验我自己的学习情形，不必管其他同学的成绩如何。

（16）虽然题目难了一点，但我准备很充足，难不倒我。

（17）（监考老师）他看他的，我又没有作弊，不必害怕。

（18）成绩并不重要，学会才是最重要的。

（19）我已经准备很充足，一定可以好好表现一番。

（20）只管现在考试，不必担心其他事务。

失败者和成功者在考试中的自我调控历程如下表。

失败者和成功者在考试中的自我调控历程

	成功者	失败者
想法做法	这道题对我来说很难，但对别人也一样难，所以别慌，让我再想一想，既然一时想不起来，就先做后面会做的题目，回头再来做这道难题吧	真该死，这道题目我怎么也做不出来，不行，一定得想出来
情绪表现	镇定，从容不迫	急躁，冒汗，理不出头绪
2/3 的时间过去了	会做的题目都做好了，正在仔细分析难题，"啃骨头"	后面还有好多题目没做好，正心慌意乱
考试即将结束	A. 解出了难题，正在复查 B. 放弃难题，做好复查工作	还有题目没做完，顾不上复查
结果	考出了比较理想的水平，心情轻松	考砸了，显示不出水平，心情沉重

 练一练

你的学习压力主要是什么？试着对自己进行分析，并制定应对学习压力的计划。

模块七　网络依赖

话题一　互联网对学生的影响

学习目标

1. 知晓青少年对网络的需求。
2. 了解网络对青少年身心发展的影响。
3. 具备正确对待网络的能力。
4. 能够运用所学的知识帮助他人认识互联网的重要性。

案例导入

北京一少年因偷钱上网　将奶奶砍死爷爷砍成重伤

17岁少年小新（化名）为了上网竟偷钱，被爷爷奶奶发后，竟然将奶奶当场砍死，将爷爷砍成重伤。事后，小新投案自首。

两年前，小新开始沉迷于网络，学习成绩陡然下降。初中还没有毕业便辍学。

因担心儿子整天沉迷于网吧，小新的妈妈让他照看家里的台球桌。小新把看台球桌挣的钱拿去上网。后来家里不再提供上网的钱，小新就想到了偷。今年6月上旬，小新偷了爸爸2000多元钱在网吧待了一个星期。父亲的一顿打骂对小新来说已经起不到任何作用。仅仅几天后，上网的欲望又像虫子一样噬咬着他的心。此时，爸爸月初给奶奶生活费时说的一番话在他耳边回响。"爸爸说爷爷那儿有4000多块钱，当时听了也没太注意，后来就想何不去偷爷爷的钱，这样就有钱上网了"。"6月15日中午我就去爷爷家，晚上，看爷爷奶奶都已经睡了，就去翻，可一想怕把奶奶吵醒了，就想用菜刀把奶奶砍伤了再翻。"

　　睡梦中的奶奶倒在了血泊中，响声惊动了爷爷。失去理智的小新又将菜刀砍向了爷爷。爷爷受伤后逃出家门。小新翻箱倒柜也没有找到那4000元钱，只在奶奶兜里找到了两元钱。事后，小新的爷爷说，那是奶奶为孙子准备的早点钱。小新捏着两元钱在村口的一个洞里躲了起来。思来想去，还是投案自首了。

　　小新告诉记者，奶奶从小最疼爱他，有什么好吃的都惦记着他。他在看守所里最想念的就是九泉之下的奶奶。"我当时只想着拿到钱后就去网吧，根本没想后果。如果让我在上网和奶奶之间重新选择，我肯定选择奶奶。"说到这里，他痛哭流涕起来。

 探究与体验

一、青少年对网络的需求

1. 完成关注和"管理社会"的需要

　　关注社会热点问题，是青少年富有爱国信念和具有广阔视野的表现，同时也表现了"成人化"的趋同心理。但是，现实的身份决定了他们无法真正参与社会事务，校园环境限制了他们对社会复杂现象的认知和信息的反馈。

　　因此，在网站上"指点江山激昂文字"，就成为有志青年抒发抱负的一种形式。

　　值得注意的是，境外反动站点利用青少年简单化心理及逆反心理的特点，散布一些不利于安定团结的谣言。在缺乏综合判断力的情况下，青少年们易信以为真，并产生对社会的不信任感。

2. 纯洁的友谊和人际交往的需要

　　情感萌发的青少年迫切需要纯洁的友谊和精神的共鸣。但现实中人与人之间的复杂关系等因素限制了情感的交流，个体呈现孤独、自闭的心理状态。网络提供的心理安全意识和非功利意识，能让渴望情感交流的青少年轻易找到自己的心灵家园。

　　网络交往主要通过文字符号，抹去了人的社会属性和自身生理等个体特征，是一种"纯情感"交流，倾诉意识和倾听意识同时得到满足，双方都会产生心理压力释放的愉悦感、依恋感。

　　迷恋网络的想象色彩，易使异性双方进入一种"网恋"状态。网恋并非真实恋爱，心理学将这种对异性抱有的神秘而带浪漫色彩的现象称为"晕环"现象。"网恋"在现实中迅速破灭，形成网友口中的"见光死"。重过程不重结果，心理及现实中得不到对爱情的满足的迫切心态；好聚好散，不用负责任的网络心态，编织成了玫瑰色网恋梦。

近来，媒体报道了许多这方面的案例，有些青少年在和"网恋"朋友的见面过程中被骗或者被害，或者有青少年自愿成为他人的网络"情妇"。

3．性心理需求

青春期的青少年有了明显和自觉的性生理和心理需求，由于社会文化的限制，这种需求处于一种性压抑状态。由此引起的性挫折使青少年性心理处于焦虑状态。

性心理对象的直接性和易冲动以及自我安抚行为具有较大目的性。黄色网站便提供了某种低层次宣泄的渠道。

4．认同感和归属感的需要

标榜个性独立的青少年在现实生活中难以找到知己，而在网络中能够得到轻松地解决。志趣相投的网友发帖子表达自己的观点看法，回应别人的观点，还可以在聊天室里进行即时交流。"观点相对一致"的交流，强烈的互动色彩，个体在他人的赞许、支持中得到满足，感受到集体的关怀。

5．成就感和表现意识的需要

不仅要求周围人按照成人的角色来对待他，而且渴望得到他人的认可尊重。非理性状态——只要能引起注意就成。受传统文化及自身条件的限制，现实生活中这种想法更多呈现为一种压抑状态或零星闪现。网络成为张扬个性、展现个人魅力的最佳地点。

二、网络对青少年心理和行为的影响

实践证明，技术是一柄锐利的双刃剑。正如英国历史学家阿诺尔德.J.汤因比所说"技术每提高一步，力量就增大一分。这种力量可以用于善恶两个方面"，在看到互联网给人类带来巨大好处的同时，我们也应当看到，其负面效应正在影响着人类的生活。

1．网络对青少年心理健康的积极影响

（1）有助于建立良好的人际关系；

（2）为不良情绪的宣泄提供途径；

（3）可以完善人格构建。

 想一想

在使用网络的过程中，你受到了哪些消极影响？你是怎样克服的？

2．网络对青少年认知发展的影响

（1）网络对青少年认知的积极影响

网络拓宽了青少年的认知视野，提高了青少年的认知效率，激发了青少年的认知潜能。

（2）网络对青少年认知的消极影响

铺天盖地的信息对青少年现有的接受能力和判断能力提出了考验和挑战。没有明确价值指向的信息长期充斥着青少年的大脑，干扰青少年的学习、思考和价值取向，必将影响青少年思维的深度和广度，阻碍青少年认知中对信息的准确选择和内化过程，以及良好判断力的形成。

3．网络对青少年情感的影响

（1）网络对青少年情感的积极影响

网络极大地拓展了青少年情感交流的空间，也是青少年情感宣泄的重要渠道。

（2）网络对青少年情感的消极影响

当青少年的一些不良情绪、情感在网络中得到宣泄并获得其他网民的认可时，其不良情感可能会得到强化。网络虽然缩小了人们之间的时空距离，却拉大了人们之间的情感距离。

4．网络对青少年意志的影响

（1）网络对青少年意志的积极影响

有助于培养独立的意志品质。

（2）网络对青少年意志的消极影响

无节制的上网消磨人的意志。无节制上网通常都是由于青少年的自制力弱而造成的，这种上网方式反过来又强化了原有的弱自制力。终日沉醉于虚拟世界的学生，有明显的意志减退和意志缺乏。对学习产生厌恶感，并逐步失去信心。

5．网络对青少年人格的影响

（1）网络对青少年人格的积极影响

自我意识是人格的核心内容，青少年正处于自我意识不断增强而又不稳定的时期，注重自尊、自信、自我展现。网络也增强青少年的平等意识和民主观念。

（2）网络对人格的消极影响

网络可以导致青少年自我意识的膨胀和集体意识的淡薄。网络游戏中角色的扮演，容易导致青少年人格的分裂和异化。

四、网络对青少年行为过程的影响

1．网络对青少年交往心理的影响

（1）对交往心理的积极影响

网络扩大了青少年人际交往的范围，有助于满足青少年强烈的交往需求。网络丰富了青少年交往的方式，为青少年提供越来越多的方便、快捷的交往方式。

（2）对交往心理的消极影响

青春期是人际交往能力和人际关系形成的重要时期，过多依赖于网络交往会使青少年与现实生活中的人际交往相脱离。网络交往难以形成真实可信和安全的人际关系，青少年在网络交往中一旦上当受骗就容易对现实产生怀疑、悲观和敌意的态度。

2．网络对青少年道德心理的影响

（1）对道德心理的积极影响

青少年在网络这个自由空间最大限度地获取各种道德体检，可以积累丰富经验，有助于增强主体的道德选择和自我评价的行为能力，使道德个体的个性化和主体性得到提升和确证，从而拓展、延伸和强化人性中的品德结构和伦理气质，促进了人的完善和发展。

（2）对道德心理的消极影响

网络容易引发青少年道德选择和道德评判的冲突。网络信息污染弱化了青少年的思想道德意识，威胁着青少年的道德伦理。网络的隐蔽性使道德行为的自由度和灵活性显著增强，认为在网络世界里不需要对自己的行为负责，将自我凌驾于社会法律之上，无视道德的存在，不忌伤害别人，甚至违法犯罪。

3．网络对青少年性心理的影响

（1）对性心理的积极影响

网络能及时提供丰富的性知识，最大限度地满足青少年对性奥秘的探究心理。

（2）对性心理的消极影响

现今网络已成为最大的色情供应渠道，大量的黄色网站和色情信息对青少年性心理造成极为恶劣的影响。缺乏辨别力的青少年会产生性认知偏差，网络中充斥着大量的挑战传统性观念、性道德的信息，诱导青少年在性态度和性观念上更加自由和开放，同时，一些青少年在开放的性观念的驱使下，放纵自己的性行为来宣泄和满足自己的性需求。

练一练

网络对你的心理和行为有哪些影响？哪些是积极的？哪些是消极的？请把它记录下来。

话题二

网络心理与障碍

心理健康教育

 **学习目标**

1. 知晓网络心理问题对青少年的危害。
2. 了解网络心理问题和障碍对青少年的影响。
3. 具备调适网络心理障碍的能力。
4. 能够运用所学的知识帮助他人摆脱网络的负面影响。

 **案例导入**

据日本《朝日新闻》报道,人们沉浸在游戏之中是有原因的。因为每当玩家产生厌倦的时候,游戏制作公司就会推出升级版再度勾起玩家的兴趣。这也是为了吸引更多的玩家、让他们玩得更久、消费更多的资金所使用的套路。伴随着版本的升级,游戏也会不断地延续下去。

日本厚生劳动省研究小组 2012 年进行的统计显示,日本全国大约有 52 万名中学生可能患上包括游戏在内的网络依赖症。据日本业界团体"计算机娱乐协会(CESA)"介绍,2017 年有大约 3514 万人在手机或者平板终端上玩游戏,这个数字是 2013 年的 1.3 倍,可见游戏与人们的生活越来越紧密。

据悉,世界卫生组织(WHO)已经将由于过度玩游戏给日常生活带来不利影响的游戏依赖症正式定义为疾病的一种。对此,美国游戏业界团体"娱乐软件协会"却表示,将游戏定义为依赖症根源的科学依据尚不够充分。

那么,你觉得沉迷于游戏属于网络心理问题吗?为什么?

一、青少年网络心理问题

1. 网络依恋

长时间地沉溺于网络游戏、上网聊天、网上猎奇，造成对网络的过度依赖和依恋，导致个人生理受损，使正常的学习、工作、生活及社会交往受到严重影响。

2. 网络交往障碍

网络交往障碍，指因使用网络交际而引发的现实生活中的社交障碍。网络交际是通过敲击键盘进行文字的交流，这与现实中的人际交往是有很大差别的。由于青少年对网络的眷恋和过分依赖，很多青少年因上网忘记了自己在现实生活中的角色，整日沉溺于网络，心甘情愿地退出现实生活。

3. 网络孤独

网络孤独主要是指希望通过网络交际来提高或者改变自己，但未能解除孤独甚至加重了孤独，或反而因为触网而引发孤独感这样一类不良心理状态。

一些青少年由于性格内向、自卑、敏感，而不愿意或不善于与他人交往，甚至厌恶社会上那种虚情假意的人情来往。他们青睐于这种匿名、隐匿性别和身份的网络交际，常向网友发泄自己的不良情绪，排解忧虑，讲自己的"心情故事"。这样他们的心情会得到放松。可下网后他们发现自己面对的依然是无法排解孤独，这使得他们感到网络对孤独抑郁的排解只是"隔靴搔痒"。

4. 网络的自我迷失和自我认同的混乱

网络的自我迷失和自我认同的混乱，又称网络人格心理失真，表现为脱离现实、退缩、孤僻、幻想等行为特点。很多青少年在网络中迷失了自我，在网络情景和现实生活中交替出现两种或多种不同的性格特征，表现为网上网下缺乏同一性，行为判若两人，人格缺乏相应的完整性、和谐性，从而形成虚拟角色与现实角色相混淆的二重人格冲突。

此外，某些青少年对一些社会形象愤懑不满，他们想通过上网发泄不满，逃避社会，希望在网上有一个"清洁"的交往环境，构建一个良好的自我。然而网上充斥的色情图文、脏话、无聊的帖子、庸俗的话题，使他们在对社会产生失望之后又对网络产生了失望。

5. 网络依赖

网络依赖主要表现为上网时精神极度亢奋并乐此不疲，获得心理满足且不能自制，通宵达旦上网，对现实生活无兴趣。"网络成瘾症"可造成人体植物神经系统紊乱和体内激素水平失衡，使免疫功能降低，出现食欲不振、记忆力减退、焦虑、忧郁、情感淡漠、行为怪诞等症状。

6. 网络越轨

网络越轨，又称网络自我约束能力降低。随着上网时间的增加，一部分青少年将猎奇和追求刺激作为网上生活的主要内容。他们会将破译他人系统的密码、进入一般网民的电脑、偷阅机密资料看成自我成功的象征。他们会制造各种网络病毒去破坏网络，并视此为人生的一大乐事。长期在这种环境中生存，必然使部分学生的自我约束力下降，行为变得越来越无所顾忌。

想一想

你的身上存在文章中提及的网络心理问题吗？它们有哪些危害？应该怎么克服？

二、青少年网络心理障碍

青少年网络心理障碍指因无节制地上网导致行为异常、人格障碍、交感神经功能失调。

青少年网络心理障碍症状：开始是精神上的依赖，渴望上网；随后发展为身体上的依赖，不上网则情绪低落、疲乏无力、外表憔悴、茫然失措，只有上网后精神才能恢复正常。

青少年网络心理障碍类型：网络成瘾综合征、网络不道德行为、网恋、网络孤独、网络人格失真。

1．网络成瘾综合征

网络成瘾综合征，简称"网瘾"，它是由于互联网络引发的机能失调症（IAD）病，高职大学生由于长时间沉迷于网络游戏、上网聊天、下载文件、制作网页、醉心于网上信息，网上猎奇、造成对网络的过度依赖，导致个人生理受损和正常学习、生活及社会交往受到严重影响，从而出现心理障碍。就目前高职大学生群体出现的网络成瘾情况来看，主要有：网络交际成瘾、网络色情迷恋、网络游戏成瘾、网页浏览成瘾、虚拟社区成瘾。

2．网络人格心理失真

网络人格心理失真，又称网络自我迷失。这种人表现为脱离现实、退缩、孤僻、沉湎于幻想等行为特点。一些高职大学生过分迷恋网络上的"人-机"式交往，出现"人机热，人际冷"现象，导致忽视真实存在的人际关系，产生现实人际交往萎缩和角色错位，这种网上的异常行为发展到一定的程度会导致网络人格心理失真。

3．网络不道德行为

网络不道德行为，是指网络主体出自非善和邪恶动机，不利或危害他人和社会的网络行为。根据网络不道德行为对社会造成的危害性程度的不同，可以把它们区分为不正当、较恶和极恶行为。

4．网恋

这种通过上网结识同性或异性朋友，产生的恋情就是网络恋情或称网恋。

学生对网络恋情一般很容易上瘾，而一旦上瘾就会沉湎于网上不能自拔，把网上爱情视为生活的唯一追求。迷恋网络恋情会严重影响学习，而且容易使他们减少与老师、同学之间的交流，不愿意参加集体活动，性格变得孤僻，甚至造成人格分裂。

5．网络孤独症

网络孤独症是指过分关注"人-机"对话，淡化了个人与社会及他人的交往，远离周围伙伴，变得越来越孤僻。这些人在现实生活中不愿意表露自己的情感，也不愿意接受他人情感的表露，网络使他们对真实的现实产生某种疏远感、淡漠感，甚至不信任感，使他们变得沉默寡言、不善言谈。网络使一些学生网民成了"孤独的电脑人""孤独的上网人"。

三、青少年网络心理障碍的调适

（1）淡化性的心理干预；
（2）转移式心理干预；
（3）温水煮青蛙式的心理干预；
（4）趋利避害的心理干预；
（5）重构社会认知和网络世界的认知；
（6）矫正不良的网络习惯；
（7）应用多种心理疗法。

四、青少年健康网络心理的培养

1. 青少年学生网络心理问题的危害
（1）角色混乱，社会功能严重受损

青少年学生因过度沉溺于网络中的多种虚拟角色，随意变换，缺乏对自我客观而全面的认识，很容易迷失真实的自我，他们不自觉地把网上的虚拟角色或网络游戏规则应用到现实生活中，经常与现实发生矛盾，与人发生冲突，出现严重的角色混乱，造成现实生活、学习、人际关系等严重适应不良。

（2）道德感弱化，精神异常

在网络虚拟世界里，网络成瘾者可以躲避现实社会中师长对他们行为的监督，他们成了绝对自由的人，很容易做出道德失范的行为而不以为然，如有的青少年为了能上网，不惜花掉自己的学费、生活费，或者向朋友借款，经常骗父母的钱，甚至丧失人格和自尊，严重者导致偷窃、抢劫等违法犯罪行为。

（3）荒废学业

网络是心灵的"海洛因"，是导致一些自制力差的青少年荒废学业的"罪魁祸首"。一份针对某市4所正规高校的调查表明，一所招生规模在5,000人左右的高职每年约有50人退学，其中80%的退学青少年都和网络成瘾有关，主要表现为长时间沉溺网络导致旷课或者所"挂"科目过多。

（4）危害身心健康

网络成瘾会严重影响青少年的身心健康。青少年白天上网冲浪、晚上上网看电影追电视剧、半夜依旧在聊天，甚至24小时微博不断……这是部分青少年的真实生活写照。

在他们眼中，网络就像空气一样重要，一刻也不能少。有的青少年上网后恋恋不舍，饭不吃觉不睡。目前，青少年由于过度使用互联网导致睡眠时间严重不足、睡眠质量大大下降，垃圾睡眠现象变得很常见，它和垃圾食品一样是影响青少年健康的"杀手"。

（5）网络引发犯罪

目前网络犯罪主要有四类："逆流""黄潮""黑客"和"蛀虫"。

"逆流"就是境内外反动势力利用互联网进行反动渗透，直接涉及国家安全和人民的利益。

"黄潮"是指通过网络闲聊色情话题，交换裸体照片，剪贴黄色镜头的影片等方式大肆传播黄色淫秽信息。

"黑客"是指对计算机信息系统进行非授权访问的人员。

"蛀虫"是指利用计算机技术和知识牟取非法利益的违法犯罪行为的人员。

（6）导致人格障碍

网络成瘾青少年长期"生活"在网上，严重脱离社会现实，易形成孤僻、冷漠、自私、敏感、偏执、多疑等诸多不良的人格特征，引发各种人格障碍，如网上的人际信任危机易导致敏感多疑、过分警惕和充满敌意的偏执型人格障碍；虚拟的网络使好奇、叛逆的青少年还易产生双重或多重人格障碍，他们塑造出自己所希望拥有的或者截然相反的人格特征，并以此虚拟角色进行网络交往。比如各种人格化的网名，什么白雪公主、白马王子、蜘蛛侠、黑剑客、无敌枪手等。

2．培养学生健康的网络心理

（1）树立科学网络观

首先，青少年学生要认识到，尽管网络很先进，但它毕竟是人类发明的一种工具，我们是使用这一工具的主人，而不是网络的奴仆。网络资源是人类社会不可缺少的财富，我们要很好地利用它来成长自我从而过上幸福生活。网络实质上还是人类认识世界、创造幸福的一种手段。如果它不能给我们带来幸福，我们就要换其他的手段和工具去创造，而不是执着于它。除了网络，还有书籍、报刊、广播、电视等媒体帮助我们增长知识、了解世界。毕竟网络并不是解决一切问题的灵丹妙药。

其次，应该认清网络社会并非真实的社会，而青少年学生在学习、生活、恋爱及人际交往是一种活生生的充满情感的现实世界，网络世界只是现实世界的调剂和补充，有了它，现实生活可以变得更丰富，但它始终在一个次要的地位上，更不能和现实世界混为一体。

青少年学生只有树立正确的网络观，才有可能合理地使用网络资源，准确把握自我，认清自己的真实需要，处理好现实社会与虚拟社会的关系，避免网络成瘾。

（2）加强自律与自我管理

真正的救世主只有一个，就是自己。青少年学生只有自律才能既充分实现其自尊、自主与自由，又能培养强大的自制力，养成良好的"慎独"习惯。在网络社会里，一方面由于其信息量十分庞大，各种文化理念与价值观激烈碰撞，各种论断又莫衷一是，各色诱惑比比皆是；另一方面由于网络具有极大的隐蔽性和虚拟性，在"匿名效应"的驱动下，人性之"恶"便无所顾忌地暴露出来。父母老师若不加强监督和管理，而是完全靠青少年的自我约束和管理能力。其所带来的危害将无法想象。

（3）丰富课余生活

青少年学生要善于利用课余时间，参加一些有意义的讲座、讨论会、学术报告、文娱活动、社团活动等等，尽量培养自己的多种兴趣爱好，这样可以使生活充实、丰富，人生增添乐趣，也有利于增强自信心和社会适应能力，同时也避免了因为生活空虚单调而陷入网络世界无法自拔的不良倾向，对青少年学生的身心健康发展非常有利。

（4）积极求助心理咨询和治疗

老师、家人和朋友会让你感受到家庭和社会的温暖，会采取各种办法把你从网络虚拟世界中拉回到现实中来；心理咨询人员会根据你的成瘾程度，从专业角度对成瘾行为采取必要的心理干预和治疗，如目前用于网络成瘾的心理咨询与治疗的方法主要有认知行为疗法、厌恶疗法、森田疗法和团体心理辅导等。大量研究表明，认知行为疗法对于治疗 IAD 的效果较好。

据专门设立的网络性心理障碍住院病房的某医院的报道，药物介入后治疗成功率可达 85%。

 练一练

假设你有朋友存在网络心理障碍，你应该怎么帮助他，请列一份具体的计划。

▲ 网络成瘾的概念

话题三 网络成瘾及预防

学习目标

1. 知晓网络成瘾对青少年的危害。
2. 学会判断网络成瘾。
3. 具备分析网络成瘾原因的能力。
4. 能够运用所学的知识帮助他人预防网络成瘾。

案例导入

王华是某中学的初三学生,学习成绩差,喜欢上网玩游戏,上瘾之后,偷偷从家里拿了 200 元钱,一头栽进网吧,饿了就吃点方便面,困了就打个盹,一连在网吧待了整整十天。结果由于身体严重透支,导致休克,等送到医院,没有抢救过来,就这样结束了他花季的年华。

探究与体验

一、网络成瘾的概念

1. 概念

网络成瘾属于行为成瘾这一类,一般是指因过度使用互联网而引起明显的社会、心理损害的一种现象。又称"网络成瘾综合征""病理性互联网使用""强迫性网络使用"。

"网络成瘾"的概念最早是由纽约精神病学家 Goldberg 于 1994 年在网络中一个专业讨论组中提出的。他认为,网络成瘾是指个体应对功能上表现出的行为成瘾。

美国心理学家 Kimberly S.Young 认为 IAD 与沉溺赌博、酗酒、吸毒等无异,导致的损害是多方面的:学业成绩下降、损害身体健康、夫妻关系障碍或离异、影响正常工作等。

2. 网络成瘾的指标

一是生活事件指标（确定个体是否是将上网作为逃避现实的手段）；

二是直接指标（正常社会生活的恶化）；

三是典型指标。

3. 临床上对网络成瘾界定考虑的因素

一是上网时间（是否干扰了正常的生物节律和社会活动，同时参考周围人的评价）。

二是网上行为（是否与工作、学习和生活毫无关系）。

三是个体的心理和行为指标。心理指标指上网改变了个体的情绪状态和认知方式；行为指标指个体需要不断增加上网时间以维持满足感的获得；个体对自己的过度上网行为感到焦虑而又无法抵制上网的诱惑；个体在不上网的时候会产生消极的情绪体验和不良的生理反应；个体试图对家人和朋友隐瞒真实的上网时间和费用等。

4. 网络成瘾的症状

强烈的依恋、情感淡漠、人际交往范围变窄、意志力薄弱。上网时容光焕发、精力充沛，能连续上网十几个小时不休息。下网后精神疲惫、情绪低落、思维迟钝、眼光呆滞、表情木讷、无愉快感或兴趣丧失，生物钟紊乱，食欲下降，体重减轻，精力不足，精神运动性迟缓，自我评价降低和能力下降，对现实生活失去兴趣，有的学生甚至不惜荒废学业，放弃就学机会。有自杀念头和行为，社会活动减少，大量吸烟和饮酒，滥用药物。

想一想

评判自己是否存在网络成瘾。如果是，哪些表现让你认为自己网络成瘾？如果不是，是什么原因让你成功克服网络的吸引？

二、网络成瘾的特点及原因

1. 网络成瘾的特点

（1）上网时间失控；

（2）道德意识模糊；

（3）延迟满足能力差。

由于延迟满足能力和毅力有很大关系，一般来讲，延迟满足能力比较差的孩子往往毅力较差，想要的东西必须马上得到，行为表现一般较为任性，由于缺乏合理的节制，因此很容易沉迷网络。他们如果对上网感到好奇或产生兴趣，必须马上要获得满足，如果从网络行为中得到了乐趣，则他们更容易沉迷其中，以至于深陷网海而不能自拔。

（4）个性缺陷。

研究表明，不少网络成瘾者在过度使用网络之前都有各种各样的心理问题。他们往往性格压抑，对外界事物敏感，喜欢独处，抽象思维丰富，不服从现实空间中的社会规范，往往有某些严重的情感和精神问题。

2．网络成瘾的原因分析

（1）家庭原因

一是放任型——家长疏于监督；

二是无知型——家长爱莫能助；

三是不当型——网络替代家教。

（2）社会原因

一是社会大环境的影响；

二是网络的相关法律法规不健全；

三是网络世界的虚拟性诱惑着中学生。

（3）自身因素

一是天性好奇使然；

二是补偿心理需求；

三是缺乏自制能力；

四是人格特质因素；

五是缓解压力需要，等等。

（4）生物因素

有研究证明，长时间上网会使大脑中的化学物质多巴胺水平升高。这种化学物质令个体呈现短时间的高度兴奋，但之后的颓废感和沮丧却较前更为严重。

时间一长，这些影响就会带来一系列复杂的生理和生物化学变化，这能在一定的程度上揭示病理性使用互联网的生理或者医学基础。

 想一想

回想自己以前上网的状态，从主观和客观两个方面分析自己上网的原因。

三、网络成瘾的预防与治疗

1．网络成瘾的预防

面对青少年上网成瘾的问题，应该未雨绸缪，贯彻预防为主的方针。首先要进行网络知识教育、网络道德规范教育和上网纪律教育，从一开始帮助青少年树立正确的网络观和上网认知。其次，本着尊重、理解、关怀的原则，平等对话，善意劝告，循序渐进，及时开展关于上网的心理健康教育，具体做法如下：

（1）认知改变法

主要是指说服教育的方法，可以通过上网知识讲授、与学生交谈、开展有关上网的讨论（专题讨论或辩论）等。

（2）榜样示范法

可以通过介绍网络知名人物的成功事迹来激励青少年，还可以通过讲述网络成瘾带来的严重后果和典型案例给青少年以警示。

（3）心理修养法

有立志、内省、慎独、座右铭等方法，以座右铭为例，可以在网络教室的电脑桌上贴上警示语，时刻提醒青少年的上网行为，也可要求他们自己上网前准备好自己喜欢的上机座右铭。

（4）环境陶冶法

指净化网络环境，弘扬网络的学习功能，使整个网络有着积极、健康的文化氛围，即使是人人都上网，也只是将网络作为提高自己、完善自己的工具。

2．网络成瘾的治疗

确定某个青少年已经沉溺于网络，此时通过说服教育、责骂、训斥都已经不起作用，必须进行心理干预才有可能收到效果，使他们回到正常状态。所谓心理干预是指在心理学理论指导下，对个体或群体的心理健康问题和行为施加策略性影响，使之发生指向预期目标的变化的活动。常用的几种心理干预法如下：

（1）强化干预

强化是使有机体增强某种反应重复可能性的力量，它可以分为奖励与惩罚两种。在实际操作中，干预方法使用最为普遍，效果也最好。在网瘾的干预中，奖励的适用条件是，一旦发现成瘾青少年有了减少上网的行为时，就给予奖励、表扬或肯定性评价。惩罚的适用条件是，一旦发现上网时间增加时，立即给予处罚。处罚可以是物质性的，如取消他获得最想要的事物的权力，也可以是精神上的。

（2）厌恶干预

厌恶干预指采用惩罚性的厌恶刺激来减少或消除一些适应不良行为的方法。常用做法有橡皮圈拉弹法、社会不赞成厌恶干预法、内隐致敏法等。

橡皮圈拉弹法：是由成瘾青少年预先在自己手腕上套上一根橡皮圈，当他坐到电脑前准备上网时，也可借助外力如闹钟发出尖锐的噪声，来促使自己停止上网。

社会不赞成厌恶干预法：主要是运用图片、影视、舆论等手段，使青少年在上网的同时产生一种来自社会的压力，并在心理上造成威慑和畏惧心理，从而达到戒除网瘾的一种干预方法。

内隐致敏法：又叫想象性厌恶干预，是指用想象上网的过程和结果的办法，使自己对上网感到厌恶感，从而逐步减少上网时间，制止、戒除网瘾的一种干预方法。

（3）转移注意力法

通过组织各类有意义的文体活动，让成瘾青少年积极参与其中，转移他的注意力，从而减轻他对网络的迷恋程度的一种干预方法。

（4）替代、延迟满足法

一方面帮助青少年培养替代活动吸引其注意力，同时弄清他的上网习惯，在原来上网的时间里让网瘾青少年做其他事情，另一方面，了解网瘾青少年的上网时间（起初要控制上网时间，不必绝对戒除），将其上网总时间列表，纳入周计划，逐步减少上网时间，最终实现戒除网瘾的目标。

（5）团体咨询。将患有网瘾症的青少年组合成一个团体，由富有经验的老师作为指导者，运用团体动力理论作理论基础，综合运用团体咨询的原则和各种方法，达到使参加团队的成员整体戒除网瘾的目标。在咨询小组这个具体而细微的社会环境中，组员们互相观察、学习、体验，从而认识、纠正、训练和发展自己，最低限度地消除网络心理障碍，从而可以重新回到正常的更广阔的社会生活中去。

练一练

结合自己的实际情况和本节所学知识，请制定克服网络成瘾的实战计划，并要求制定出自我奖惩的方式及监督方式。

模块八　职业心理

话题一　职业心理概述

学习目标

1. 知晓职业的概念。
2. 了解职业的类型。
3. 具备正确认识职业和职业心理的能力。
4. 能够运用所学的知识帮助他人正确认识职业心理。

案例导入

一架从西班牙巴塞罗那飞往德国杜塞尔多夫的空客 A320 客机 24 日在法国南部坠毁，机上 144 名乘客和 6 名机组人员全部遇难。

据报道，德国之翼航空公司涉嫌蓄意坠机的副驾驶安德烈亚斯·卢比茨 6 年前曾感到严重抑郁并因此就医。警方在搜查卢比茨住处时找到多张病假条，医生建议的请假日期包含 4U9525 航班坠毁当天。

 探究与体验

一、职业与职业心理

（一）职业

1. 概念

职业是参与社会分工，利用专门的知识和技能，为社会创造物质财富和精神财富，获取合理报酬，作为物质生活来源，并满足精神需求的工作。

职业与人类的需求和职业结构相关，强调社会分工。与职业的内在属性相关，强调利用专门的知识和技能。与社会论理相关，强调创造物质财富和精神财富，获得合理报酬。与个人生活相关，强调物质生活来源，并涉及满足精神生活。

社会分工是职业分类的依据。在分工体系的每一个环节上，劳动对象、劳动工具以及劳动的支出形式都各有特殊性，这种特殊性决定了各种职业之间的区别。世界各国国情不同，其划分职业的标准有所区别。

2. 职业的划分

（1）按脑力劳动和体力劳动的性质、层次进行分类，可分为白领工作人员和蓝领工作人员两大类。

白领工作人员包括：专业性和技术性的工作，农场以外的经理和行政管理人员、销售人员、办公室人员。

蓝领工作人员包括：手工艺及类似的工人、非运输性的技工、运输装置机工人、农场以外的工人、服务性行业工人。

（2）按心理的个别差异进行分类。

这种分类方法是根据美国著名的职业指导专家霍兰德创立的"人格-职业"类型匹配理论，把人格类型划分为 6 种：现实型、研究型、艺术型、社会型、企业型和常规型。

（3）依据各个职业的主要职责或从事的工作进行分类。

根据加拿大《职业岗位分类词典》的分类，把分属于国民经济中主要行业的职业划分为 23 个主类，主类下分 81 个子类，489 个细类，7200 多个职业。

此种分类对每种职业都有定义，逐一说明了各种职业的内容及从业人员在普通教育程度、职业培训、能力倾向、兴趣、性格以及体质等方面的要求，有较大的参考价值。

（二）职业兴趣

职业兴趣是一个人对待工作的态度，对工作的适应能力，表现为有从事相关

▲ 职业与职业心理的含义

工作的愿望和兴趣，拥有职业兴趣将增加个人的工作满意度、职业稳定性和职业成就感。

职业兴趣是以一定的素质为前提，在生涯实践过程中逐渐发生和发展起来的。它的形成与个人的个性、自身能力、实践活动、客观环境和所处的历史条件有着密切的关系，这些因素，有利于深入认识自己，进行职业规划。

1. 个人需要和个性

不管个人的兴趣是什么，都是以需要为前提和基础的，人们需要什么也就会对什么产生兴趣。兴趣是在需要的基础上产生的，也是在需要的基础上发展的。例如，一个人个性品质的高雅，会对公益活动感兴趣，乐于助人，对高雅的音乐、美术有兴趣；反之，一个人个性的低级，会对占小便宜感兴趣，对低级、庸俗的文艺作品有兴趣。

2. 个人认识和情感

兴趣不足是和个人的认识和情感密切联系的。如果一个人缺乏某种职业知识，或者根本不了解这种职业，那么他就不可能对这种职业感兴趣。相反，对某种职业认识越深刻，情感越丰富，兴趣也就越深厚。例如，有的人对集邮很入迷，认为集邮既有收藏价值，又有观赏价值，它既能丰富知识，又能陶冶情操，而且收藏的越多，越丰富，就越投入，越情感专注，越有兴趣，于是就会发展成为一种爱好，并有可能成为他的职业生涯。

3. 家庭环境

大多数人从幼年起就在家庭的环境中感受其父母的职业活动，随着年龄的增长，逐步形成自己对职业价值的认识，使得个人在选择职业时，不可避免地带有家庭教育的印迹。家庭因素对职业取向的影响，主要体现在择业趋同性与协商性等方面。

一般情况下，个人对于家庭成员特别是长辈的职业比较熟悉，在职业规划和职业选择上产生一定的趋同性影响，同时受家庭群体职业活动的影响，个人的生涯决策或多或少产生于家庭成员共同协商的基础上。兴趣有时也受遗传的影响，父母的兴趣也会对孩子有直接的影响。

4. 受教育程度

任何一种社会职业从客观上对从业人员都有知识与技能等方面的要求，而个人的知识与技能水平的高低在很大程度上取决于其受教育的程度。一般意义上，个人学历层次越高，接受职业培训范围越广，其职业取向领域就越宽。

5. 社会因素

一方面，社会舆论对个人职业兴趣的影响主要体现在政府政策导向、传统文化、社会时尚等方面。另一方面，兴趣和爱好是受社会性制约的，不同的环境、不同的职业、不同的文化层次的人，兴趣和爱好都不一样。

6. 职业需求

职业需求是一定时期内用人单位可提供的不同职业岗位对从业人员的总需求量，它是影响个人职业兴趣的客观因素。职业需求越多、类别越广，个人选择职业的余地就越大。职业需求对个人的职业兴趣具有一定的导向性，在一定条件下，它可强化个人的职业选择，或抑制个人不切实际的职业取向，也可引导个人产生新的职业取向。

7. 年龄

少儿时期往往对图画、歌舞感兴趣，青年时期对文学、艺术感兴趣，成年时期往往对某种职业、某种工作感兴趣。它反映了一个人兴趣的中心随着年龄的增长、知识的积累在转移。

练一练

根据自己的实际情况和个人兴趣爱好，写一写你将来想从事怎样的职业，并对该职业进行描述。

话题二 职业心理素质

 **学习目标**

1. 知晓职业心理素质的概念。
2. 学会职业心理素质的分类。
3. 具备分析职业性格的能力。
4. 能够运用所学的知识提升职业心理素质。

 **案例导入**

2012年5月29日早7点10分，吴斌驾驶着浙A19115大客车从杭州出发，开往无锡，10点10分顺利抵达。休息了1个小时后，11点10分，他从无锡站再次出发，准备返回杭州。他工作9年没有出过任何事故。可这次，他没能平安返回。

11时40分左右，车辆行驶至锡宜高速公路宜兴方向阳山路段时（江苏境内），突然一铁块（后确认为制动毂残片）从空中飞落击碎车辆前挡风玻璃再砸向吴斌的腹部导致肝脏破裂及肋骨多处骨折，肺、肠挫伤。

在危急关头，他强忍着剧烈的疼痛将车辆缓缓停下，拉上手刹、开启双闪灯，以一名职业驾驶员的高度敬业精神，完成一系列完整的安全停车措施。之后，他又以惊人的毅力，从驾驶室艰难地站起来告知车上的旅客注意安全，然后打开车门，安全疏散旅客。当做完这些以后，耗尽了最后一丝力气的他，瘫坐在座位上。吴斌，他没有把最宝贵的第一时间留给自己拨打120，而是留给了车上的24名乘客。

是什么支撑着吴斌在生命的最后关头强忍剧痛完成一系列完整的安全停车措施？

 探究与体验

一、职业心理素质

1. 概念

职业心理素质是职业素质的一种。职业素质是指劳动者对社会职业了解与适应能力的一种综合体现，其主要表现在职业兴趣、职业能力、职业个性及职业情况等方面。职业心理素质是指从业者认知、感知、记忆、想象、情感、意志、态度、个性特征（兴趣、能力、气质、性格、习惯）等方面的素质。

2. 分类

（1）身体素质：指体质和健康（主要指生理）方面的素质。

（2）心理素质：指认知、感知、记忆、想象、情感、意志、态度、个性特征（兴趣、能力、气质、性格、习惯）等方面的素质。

（3）政治素质：指政治立场、政治观点、政治信念与信仰等方面的素质。

（4）思想素质：指思想认识、思想觉悟、思想方法、价值观念等方面的素质。

（5）道德素质：指道德认识、道德情感、道德意志、道德行为、道德修养、组织纪律观念方面的素质。

（6）科技文化素质：指科学知识、技术知识、文化知识、文化修养方面的素质。

（7）审美素质：指美感、审美意识、审美观、审美情趣、审美能力方面的素质。

（8）专业素质：指专业知识、专业理论、专业技能、必要的组织管理能力等。

（9）社会交往和适应素质：主要是语言表达能力、社交活动能力、社会适应能力等。

（10）学习和创新方面的素质：主要是学习能力、信息能力、创新意识、创新精神、创新能力、创业意识与创业能力等。

二、职业能力

职业能力是人们从事其职业的多种能力的综合。职业能力可以定义为个体将所学的知识、技能和态度在特定的职业活动或情境中进行类化迁移与整合所形成的能完成一定职业任务的能力。

职业能力主要包含为了胜任一种具体职业而必须要具备的能力，表现为任职资格和在步入职场之后表现的职业素质，还有开始职业生涯之后具备的职业生涯管理能力三方面基本要素。由于职业能力是多种能力的综合，因此，我们可以把职业能力分为：一般职业能力、专业职业能力和综合能力。

（1）一般职业能力：指一般的学习能力、文字和语言运用能力、数学运用能力、

扫一扫，学微课
▲ 职业能力　▲ 职业性格

空间判断能力、形体知觉能力、颜色分辨能力、手的灵巧度、手眼协调能力等。此外，任何职业岗位的工作都需要与人打交道，因此，人际交往能力、团队协作能力、对环境的适应能力，以及遇到挫折时良好的心理承受能力都是我们在职业活动中不可缺少的能力。

（2）专业职业能力：主要是指从事某一职业的专业能力。在求职过程中，招聘方最关注的就是求职者是否具备胜任岗位工作的专业能力。例如：应聘教学工作岗位，对方最看重你是否具备最基本的教学能力。

（3）综合能力：主要指国际上普遍注重培养的"关键能力"，主要包括四个方面：跨职业的专业能力、方法能力、社会能力和个人能力。

①跨职业的专业能力：可以从运用数学和测量方法的能力、计算机应用能力还有运用外语解决技术问题和进行交流的能力三方面体现出一个人跨职业的专业能力；

②方法能力：包括信息收集和筛选能力，掌握制定工作计划、独立决策和实施的能力，具备准确的自我评价能力和接受他人评价的承受力，并能够从成败经历中有效地吸取经验教训；

③社会能力：主要是指一个人的团队协作能力、人际交往和善于沟通的能力。在工作中能够协同他人共同完成工作，对他人公正宽容，具有准确裁定事物的判断力和自律能力等；

④个人能力：是岗位胜任和在工作中开拓进取的重要条件。

随着中国经济体制改革的深入、法制的不断健全完善，人的社会责任心和诚信将越来越被重视，假冒伪劣将越来越无藏身之地，一个人的职业道德会越来越受到全社会的尊重和赞赏，爱岗敬业、工作负责、注重细节的职业人格会得到全社会的肯定和推崇。

三、职业性格

1. 概念

职业性格是指人们在长期特定的职业生活中所形成的与职业相联系的、稳定的心理特征。例如，有的人对待工作总是一丝不苟，踏实认真；在待人处事中总是表现出高度的原则性、果断、活泼、负责；在对待自己的态度上总是表现为谦虚、自信，严于律己等，所有这些特征的总和就是他的职业性格。

2. 职业性格类型

（1）变化型

能够在新的或意外的工作情境中感到愉快，喜欢有变化的工作内容，在有压力的情况下工作得很出色，追求并且能够适应多样化的工作环境，善于将注意力从一件事转移到另一件事情上去。

（2）重复型

适合并喜欢连续不断地从事同一种工作，喜欢按照一个固定的模式或别人安排好的计划工作，爱好重复的，有规则的，有标准的职业。

（3）服从型

喜欢配合别人或按照别人的指示去办事，愿意让别人对自己的工作负责，不愿意自己担负责任，不愿意自己独立作出决策。

（4）独立型

喜欢计划自己的活动并指导别人的活动，会从独立的、负有责任的工作中获得快感，喜欢对将要发生的事情作出决定。

（5）协作型

会对与人协同工作感到愉快，善于引导别人按客观规律办事，希望自己能得到同事的喜欢。

（6）劝服型

乐于设法使别人同意自己的观点，并能够通过交谈或书面文字达到自己的目的。对别人的反应具有较强的判断能力，并善于影响他人的态度、观点和判断。

（7）机智型

在紧张、危险的情况下能很好地执行任务，在意外的情况下，能够自我控制、镇定自若，工作出色。在出差错时不会惊慌，应变能力强。

（8）自我表现型

喜欢表现自己，通过自己的工作和情感来表达自己的思想。

（9）严谨型

注重细节的精确，愿意在工作过程的各个环节中，按照既定规则、步骤将工作过程做得尽善尽美。工作严谨、努力、自觉、认真，保质保量，喜欢看到自己出色完成工作后的效果。

（10）公关型

对周围的人和事物观察得相当透彻，能够洞察现在和将来。随时可以发现事物的深层含义和意义，并能看到他人看不到的事物内在的抽象联系。

职业心理学的研究表明，不同的职业有不同的性格要求。虽然每个人的性格都不能百分之百地适合某项职业，但却可以根据自己的职业倾向来培养、发展相应的职业性格。不同性格特征的人员，对企业而言，决定了每个员工的工作岗位和工作业绩；对个人而言，决定着自己的事业能否成功。

练一练

心理学上有一些比较经典的性格测验，请你参考测评结果，找到合适的职业。

话题三 树立正确的择业观

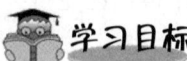 学习目标

1. 知晓青少年的择业观。
2. 学会处理择业心理问题。
3. 具备树立正确择业观的能力。
4. 能够运用所学的知识帮助自己和他人树立正确的择业观。

 案例导入

在学校今年举办的小型招聘会上,毕业生小李的父母在招聘会尚未开始时,就早早地到会场打听单位的情况。招聘会开始很久以后,小李才姗姗来迟,并由家长陪同前往用人单位摊位前面谈。面谈过程中,小李的发言时间还没有其父母多,结果谈了一家又一家,最终仍一无所获。

小李的问题出在择业过程中过分依赖他人,其实,依赖他人是难以找到一份满意的工作。现在的毕业生中,独生子女所占的比例越来越大,他们的生活一帆风顺,没有经历过什么波折,再加上父母的过分呵护,客观上也培养了他们的依赖心理。这些毕业生大多缺乏主见,自我意识模糊,在择业中常会茫然不知所措。

 探究与体验

一、青少年择业心理问题

1. 盲目自信的心理

盲目自信的心理亦称自傲心理。即不能正确地认识主观与客观的现实,错误地拔高自己的实际能力,目空一切,盲目自信。如有的青年认为自己具备很多优势:学习成绩优秀,政治条件好,学校牌子亮,专业需求旺,求职门路广,等等。因而盲目乐观,把择业目标定得很高,满脑瓜子挤满了"淘金"的梦,应聘时一心一意

向"高薪"挑战，结果屡屡受挫，亦是情理之中的事。此种失败源于不能摆正自己的位置，对自己的劣势和困难估计不足。

2．自卑畏怯的心理

由于他人不客观评价的无形压力，以及对自己缺乏信心，导致了自卑心理的产生。如有的青年，尽管具备一定的实力和优势，但对自己的评价总是过于保守，面对激烈的竞争，总觉得自己哪都不如别人，因而丧失竞争的勇气，习惯于临阵退缩，放弃了许多很好的机会。或者一到笔试或面试现场，就心里发怵，先自己打败了自己，表现出神情紧张、心神不安、面红耳赤、举止拘谨、谈吐失常。而一旦失败就更强化了自己的错误认知，这种心理障碍是成功的最大敌人。

3．急功近利的心理

择业时过分看重经济、地位等，追逐功利，一心只想进大城市、大机关，去沿海发达地区，到挣钱多、待遇好的单位工作，甚至为了暂时的功利宁可抛弃所学的专业。这种心理虽然能够使个体得到一些眼前的利益和满足，但从长远的发展来看，却是不明智的。因为人们在物质需要得到满足之后，会渴望和追求心理需要的满足，当意识到事业才是人生永恒的支柱时，烦恼便会产生了。因为贪图优裕和享乐而放弃事业，终究要为此付出代价。

4．患得患失的心理

职业的选择往往也是对机遇的一种把握，当断不断、患得患失，只会错过机遇，自然与成功也将失之交臂。很多青年人在选择职业时，没有专一的定向，不现实地期盼"鱼和熊掌兼得"，或是"这山望着那山高"，因而在择业过程中，常常会出现心理矛盾和冲突，而由于性格的软弱和犹疑，不能果断地选择，结果错失良机，令自己处于被动地位。

5．一味依赖的心理

长期受人呵护、支配，会使个体慢慢地形成一种习惯于依赖、安于被支配的心理状态，这种依赖心理在择业中表现为两种倾向：

一种是依赖大多数的从众心理。即盲目随大流，选择热门职业，缺乏独立见解，不是从自己的实际情况出发作切合实际的职业选择，而是人云亦云。

另一种是依赖政策和他人的帮助，在择业时无主见，也不主动出击，积极竞争，而是消极等待，坐等家长和学校给自己落实单位。这种心态也是有害的。

6．固执狭隘的心理

即在职业选择时缺乏变通，不顾社会的需要，不顾社会分工和专业分化的内在联系，只看到专业的独特性，人为地"划地为牢"，限制了自己的选择范围。一位总经理说："现代竞争社会所需要的人才，并不是他学了多少知识、专业是否对口，更重要的是他所具备的基本素质；而业务知识我们可以培训……"

7. 怀才不遇的心理

由于自视过高，而在现实的择业过程中却处处碰壁，于是产生怀才不遇之感，抱怨自己生不逢时，抱怨没有施展才华的机会，抱怨世上无伯乐。整天怨天尤人，只会使自己身心愈加疲惫。

如果永远感叹怀才不遇，只能空怀"壮志"，嗟悔不已。因此，走出此误区的方法只能是学会正视自己。

综上所述：青少年择业的一般心理状况如下：

在择业的价值取向方面，不少学生表现出功利主义心态。

择业理想没有建立在自我评价之上。

择业心里受传统观念的影响，比如一家统包、一次就业、一步到位的观念。

二、树立正确择业观

每一个毕业生在就业的过程中，都希望自己能获得一份可以比较满足物质生活和精神生活需求的职业，这是一种自然的想法。但是择业期望值将成为关系到你的择业目标能否实现的关键性问题。如果把握不好，难免走入择业的误区。正确的择业期望值不是一下子就能确定的，通常可采取"分步达标"和"自我调整"的办法来不断调整择业的期望值，使其达到最佳。

正确把握择业期望值，要从以下三个方面来防范出现择业期望值过高或过低的倾向：

1. 防范脱离现实需要和自身能力

有的毕业生在择业过程中，择业期望值过高，与社会需求有较大差距，存在"宁可失业在城市，不愿就业在基层"的现象；有的毕业生不顾自身条件的限制，眼睛只盯着"好地方""好单位""好工作"，至于自己能否胜任、是否适合自己、能不能有所发展都缺乏考虑。其结果往往是使自己陷入两种困境：一种是由于期望值超出现实太多而使择业屡屡失败；另一种侥幸获胜，也会因自身能力不及、工作无法胜任而处于被动。

2. 防范过于追求物质利益

随着市场经济的发展，一种职业的社会声望越来越多地与经济收入状况联系在一起，这一社会现实对大学生的就业选择产生了较大影响。有部分毕业生为了物质利益，只从收入高、待遇好的角度去考虑职业选择，不惜放弃自己的兴趣爱好和思想抱负。几年后，物质生活虽然不错了，但发现自己的精神并不愉悦，工作的动力和激情在锐减，很快就进入了职业危机期。

3. 防范盲目消极择业

由于就业压力剧增，部分大学生就抱着不管工作好坏，先随便找份工作安顿下

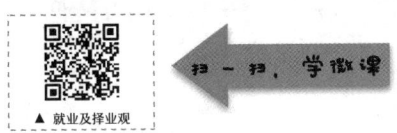
▲ 就业及择业观

来，以后再慢慢挑的思想，没有远大正确的抱负。择业期望值过低造成到处打短工，频繁变换工作岗位。这样的盲目就业行为对自身今后的发展十分不利，表面上好像是学了不少东西，可是一样也不精；没有一技之长，今后也很难找到一份自己满意的工作。

三、就业策略

1. 就业途径多样化

通常的选择有毕业生招聘会、学校推荐、亲戚朋友介绍、就业中介机构等。大学生过去就业喜欢依赖父母或老师，而现下则开始崇尚自我，用冷静的心态来科学地认识自己，以求供需双方达到最佳就业组合。当代毕业生从求职观念到求职手段都发生了一些重要的改变。网络求职已经成为当代大学生找工作的一个重要手段，网上发布资源和需求信息也越来越成为当前大学生求职的新时尚，同时也实现了就业市场从有形向无形的延伸。随着网络时代的发展，网上求职获得信息将变得更为方便快捷，轻敲键盘，所有用人信息一目了然。

2. 毕业后的选择多元化

越来越多的毕业生就业时并不急于"落实就业计划"，而是根据本人情况另有打算，出现了"毕业不就业"的新趋势。有人选择在国内国外继续深造，另有 5% 左右的毕业生考虑成为自由职业者和自己开公司。

不就业并非是找不到工作单位，而是部分毕业生想通过进一步深造或自主择业，更大限度地掌握就业主动权，以谋求更大的发展。

3. 重实惠更要重发展

发展前景好的职业最易博得青睐。在跳槽的人员中有半数以上的人跳槽的首要原因是寻求自身更大的发展。据调查，专业是否对口已不再是毕业生择业的唯一标准。这说明如今的高校毕业生在择业观念上已将企业的发展前景和自身的发展机会结合起来，更加注重事业发展的长期性以及自身价值的实现，追求长远的人生发展目标。

4. 择业地点多元化

当前大学毕业生在就业地点的选择上呈现多元化的趋势。从调查来看，大部分毕业生择业时首先考虑的问题是工作单位所在的地域。其中的首选当是京、沪、穗等地区，其次为特区和沿海开放城市，对于处于祖国"老少边穷"地区的中心城市则敬而远之。

究其原因，主要是毕业生认为：大城市和沿海开放城市及经济特区经济发展水平高、地区发展前途好、个人施展才华的机会多；而中小城市人才需求少，人际关系色彩浓厚，使得英雄无真正用武之地；"老少边穷"地区则因社会经济发展相对落后，思想观念比较保守，缺乏发挥才能的环境和机遇。

5．单位选择多样化

随着政治体制改革的深入，精简机构，各级政府对于大学毕业生需求的减少，加上毕业生本身价值取向的变化，不少毕业生把眼光从党政机关、科研机构移向了三资企业。大学生首选单位的变化原因是国有企业原有的保障体制已经不复存在，而一些大的非国有公司尤其是民办高科技企业的现代化管理模式比较灵活，能较好地施展个人才能，因而对毕业生有很强的吸引力。

6．就业期望值偏高

毕业生期望值居高不下的问题，仍然是目前高校毕业生就业工作中的主要难题。有的毕业生感到"找不到理想单位"，但同时有许多基层一线的单位急需人才但又招聘不到毕业生，反映出毕业生求高薪、求舒适、求名气的心态仍较普遍。一部分看重稳定职业和理想环境及较高报酬的毕业生，择业期望值过高，选择单位不切实际，放弃多次选择机会，一味等待观望，甚至不惜主动待业这种心态不可取。

7．择业标准多重性

择业过程中主要考虑经济地位的占 23.1%，考虑社会地位的占 8.3%，把职业轻松程度放第一位的占4.5%，追求实现个人价值的为51%，看重符合个人爱好的占8.6%，而以家庭满意为首要标准的为 4.5%。结果显示，大学生比较注重个人价值的实现，强调个人兴趣爱好，这实际上是与大学生近几年来人生观、价值观的嬗变相一致的。

8．先就业后择业

先就业后择业已成为学生找工作的普遍心态。"有个单位先工作就行"，这说明在正确的舆论引导下，毕业生已经开始找准择业的起点。有的毕业生择业时的唯一目标就是在大城市找一个工作。现在单位对人才的要求很高，择业时不敢有很高的期望，薪水、住房等暂时都不要考虑，只要先有个单位落脚就行。过几年有了工作经验后，再找个好工作也不迟。这和前几年"人才市场上找不到工作"的情况相比，如今毕业生先就业后择业的心态说明学生们的就业观念正趋向成熟。

练一练

目前社会上存在哪些不正确的择业观？请找出来，并一一加以批判。

话题四 实习心理

学习目标

1. 知晓实习生存在哪些心理。
2. 学会处理影响实习生心理的因素。
3. 具备分析实习过程中心理问题产生的原因的能力。
4. 能够运用所学的知识帮助自己和他人端正实习态度。

案例导入

小王，男，工科类专业毕业生。在校最后一个学期，即将接受实习单位挑选开始进行顶岗实习，王同学开始的时候总是认为推荐实习是学校的事，与自己无关，因此错过了很多面试的机会。后来随着周围的同学纷纷成功签约，王同学开始着急。但是过高的薪资期待值和其他不切实际的待遇要求，加之个人求职资料准备不充分、面试时仪容仪表谈吐应答过于随意，使得王同学与用人单位一次次擦肩而过。随着离校时间临近，最后迫于无奈，随便联系了一家单位。

到岗后，王同学的心态一直无法端正，他整日怨天尤人，得过且过，只过了一个月左右便辞职不干了。

探究与体验

一、实习生心理

1. 失望心理

部分青少年对自己即将进入实习的企业感到颇多兴奋，充满了憧憬。但在实习中，逐渐了解自己以后从事工作的环境、吃住条件、发展空间、单位效应、企业前景、工作时间长短和劳动强度等诸多方面不尽如人意，就会对前途感到迷茫，容易造成部分青少年实习中期望满满与自我无法正视现实的心理冲突。

由于事先没有足够的思想准备，遭受一次次的打击，有的青少年就会感到身心疲惫，精神一直处于焦虑、自卑、绝望的状态，这种失望心理对个人身心发展和就业实习开展都是极为不利的，也是危害最大的就业心理问题之一。

2. 安逸心理

很多青少年在实习中，片面地只追求繁华的大都市、高大的写字楼、舒适的工作环境，喜欢安定稳妥、福利保障好的政府机关、事业单位、大型国企等单位，不愿意到艰苦偏远的地方、不愿意奔波劳累、怕吃苦。这种只求舒适的安逸心理，缺乏创新创先创业精神，使许多青少年由此错失了良好的实习机会。

3. 盲从心理

在实习中，部分青少年由于对所将从事的职业缺乏了解，缺乏对就业政策的分析判断，对自己的职业生涯规划以及自身的特点等没有准确定位，忽视自己所学专业的优势，不顺自身现状，盲目攀比，盲从他人离开本实习岗位，提前结束实习。

这种盲从心理致使一些青少年错过了很多锻炼自己的好机会，意识到盲从的坏处想返回实习单位，企业往往不愿接受，后悔莫及。

4. 依赖心理

一些青少年自认为考上大学就是取得成功，虽知道就业形势的严峻性，但是实习时指望学院推荐单位，或者依赖家长拉关系为自己找工作，自己丝毫没有自强自立的思想准备，把自己前途全部托付给别人。在实习中，往往敷衍了事，甚至有的青少年找个企业，在实习报告上盖个章交给学校了事，根本没有实习。

这种依赖心理主要是由于个人自立能力不够，逃避实习机会，这样往往会贻误未来择业时机。

5. 自卑心理

在实习中，有的青少年由于个人和家庭等各种因素，长期形成了一种自卑心理，平时谨小慎微，特别是当实习中出现失误或者与人发生交际不和谐遭到批评后，更是悲观地认为自不如人，往往容易形成自卑的心理，不敢正面对待实习的各种困难。

这种自卑心理是青少年在实习中表现为对自己缺乏客观的分析，同时对实习行业缺乏深入的探寻和分析，使自己在实习中往往处于劣势。

6. 挫折心理

由于就业竞争压力不断增大，在实习地点的选择、实习单位的大小和实习岗位的意向等方面达不到理想的状况下，青少年在实习时受到一定的挫折在所难免，有的青少年承受挫折的能力脆弱，便容易产生严重的挫折感。

这种挫折心理，容易导致青少年在以后的就业中产生重重顾虑，悲观消沉，怀才不遇等不良心理，使就业行为发生认知偏差。

7. 焦虑心理

青少年在落实工作单位之前表现出来的焦虑不安。学生对异地生活环境担忧或对现实危险性的错误认识直接导致了焦虑。青少年若个人自我定位不当，面对就业时就会遭受挫折感，精神就会处于一种焦虑状态；有的学生认为社会是复杂多变的，进入社会后无论从事何种职业都必须面对复杂的人际关系，而这些人际关系是他们在大学生活中少有接触的，他们认为大学校园是一块净土，踏出这块净土，失去了它的荫护，他们没有勇气去面对所谓深不可测、复杂多变的社会。青少年的这种过度或持久的焦虑体验，形成焦虑心理，严重影响了其正常的生活和就业。

8．抑郁心理

由于实习地大部分在异地，部分学生对环境的适应能力比较差，特别是南方的学生到北方或北方的学生到南方，气候的不适应是产生抑郁的一个原因。个别学生有严重的恋家思想，处于这个年龄段的学生往往做事不加思考比较冲动，他们容易放弃工作岗位，这给学校和企业都带来不好的影响。此外，由于学校和企业的管理体制和作息时间截然不同，劳动强度也比较大，个别学生无法适应企业严格的管理，无法满足实习要求，他们会违反纪律，甚至选择擅自离岗。

9．攀高心理

很多青少年在选择单位时，不考虑自己的条件，不深入了解单位发展情况，而是盲目与身边同学攀比，表现为攀比工作地域或地点，攀比收入和待遇，攀比工作单位和行业，攀比工作和生活环境。即使在同一企业的学生，由于岗位的分配不同、工作条件不同、待遇不同等等，有的学生也会觉得不平衡，甚至产生失落感无法接受。由于此心理的作用，造成青少年朝三暮四频频更换工作岗位，大大影响了用人单位正常工作的开展。

10．从众心理

实习是学生第一次踏入社会，会受到社会上随大流或跟着感觉走的思想的误导，不根据自身的条件和特点爱好，盲目作出与自己感知和判断不相符合的决定，影响了个人的行为、情绪，最终导致对顶岗工作的厌倦，对职场的失望，从而影响对未来工作的信心。

二、影响实习生心理问题的因素

1．个人问题

由于个人在长期的生活学习环境中，受到来自各方面因素的影响，有的青少年在个人性格方面存在着自卑、固执、怀疑、自控不足等缺陷，特别是在实习中，自己独立面对一切，需要善于调节和控制个人情绪与行为，来适应新的环境，但是由于性格缺陷的存在，自己短期无法调节，容易出现多种实习心理问题。

这种心理问题主要表现出了明显的失望、求稳、盲从、依赖、自卑和挫折等，主要是由于没有从深层次上去客观认识自己，在就业实习中就会产生一系列的心理问题。

2．社会因素

社会人才竞争加剧，生活节奏加快，就业矛盾突出，社会对于高层次人才的需求越来越大，一些人总认为青少年教育是高等教育的最低层次。社会偏见、就业歧视是困扰青少年实习中的最大问题之一，在实习中，难免会和一些比本校知名的同学在一起实习，使他们普遍感到学历低和社会地位低，容易使他们不安于现状又难以摆脱现状，产生各种实习心理问题。

3．学校因素

在高职院校，首先实施心理健康教育的主要途径是课堂教学，通过课堂教学，使青少年能较系统地接受心理健康教育的主要内容，但这种纯理论的讲授往往是枯燥乏味的，大多数青少年对这样纯理论教学兴趣不大，往往效果不够理想。其次，在高职院校心理健康教育的师资队伍严重不足，开课率较低，教学资源和教学条件较差，发展不平衡，也是重要因素之一。再次，高职院校心理健康教育资金投入不足，虽然设立了心理咨询机构，由于人员配备不足，青少年不愿意交流，往往成了摆设。最后，在校企合作中，实习期间双方往往只注重青少年品德和技能的考核，对实习生的心理健康教育往往是块空白。

4．企业因素

随着我国高等教育的迅猛发展，造成国内人力资源供大于求的现状，为企业招聘人才和接纳实习生提供了充足的条件。长期以来，大多数颇具规模，管理规范，用工制度符合国家规定的企业，比较注重职工和实习生的身体健康，但是，往往忽视他们的心理健康问题，对此方面经费的投入很少，对实习生的心理健康教育投入尤其甚少。有的企业存在环境差、劳动强度大和随意加班等用工问题，导致部分青少年不愿意参加实习，对青少年的实习心理很是不利。更有甚者，有的企业因为个别原因，终止与高职院校的合作，导致青少年实习岗位数不足，直接影响实习工作无法开展，使部分青少年对未来产生恐惧心理。

5．家庭因素

有的家庭因为经济困难，希望找一个待遇好的单位；有的家庭存在传统观念，以为孩子读了大学，以后工作不能出卖苦力，看人脸色，应该找个管理岗位；有的家庭担心孩子吃不了苦，不愿意孩子实习等等原因，诸如此类，容易造成青少年在实习中会出现各种各样的矛盾和痛苦，引发多种实习心理问题。有的青少年因来自单亲家庭、贫困家庭，或因观念差别、城乡差别，或因自身内、外不同条件等因素，给部分青少年心理上造成较大影响，认为社会和生活对自己不公平，随意猜测，甚至出现反社会的极端心态。这些心理状态下的青少年很容易采取极端的态度和方式对待实习中遇到的问题。

练一练

通过网络查询，将毕业生在实习过程中遇到的问题进行分类，并给出分类依据。

模块九　职业生涯

话题一　生涯规划与人生发展

学习目标

1. 知晓人生发展的规律。
2. 认识职业生涯发展的规律。
3. 具备对职业生涯进行规划的能力。
4. 能够运用所学的知识帮助自己或他人进行正确的职业生涯规划。

案例导入

　　A 同学大学就读国际贸易专业，毕业后理所当然地寻找专业对口的工作，A 同学英语并不好，大学里也没认真努力过，所以毕业后也只拿到了 CET-3，对外贸业务这个行业上来说是最低的要求了。虽然在大学期间 A 也想过毕业后不找本专业的工作，但就业形势和找工作的现实不得不让 A 妥协，他找了一家很小的外贸公司做外贸业务员。做业务员和销售有关的工作底薪都是很低的，如果没提成，那工资只能维持个人温饱，别说能多赚钱了。在一年多的外贸工作中，A 不但在业绩上毫无起色，性格从开始的乐观变得消沉，心情日益烦躁，由于做业务压力大，甚至晚上也开始失眠。总之，工作是痛苦的，生活也免不了受工作的情绪的影响。

后来 A 无意中在网上看到了职业生涯方面的内容。从此，A 不再消极度日，而是开始积极收集这方面信息，并进行自我分析和总结。后来经朋友介绍，认识一个从事大学生职业规划的老师，在他的引导和分析下，A 毅然辞去了那份食之无味的外贸工作，走上了自己感兴趣的网络游戏开发及维护这个行业。

 探究与体验

一、人生发展阶段

人的生命周期可分为人生生命周期和人生社会周期。

人生生命周期是从生理变化的角度看人的发展，具有单向性和不可逆性。以此使得我们在职业生涯发展中随时察觉到时间的紧迫感，从而更体现出积极主动开发和管理职业生涯的意义。

人生社会周期是从参与社会活动的角度研究人生，其特征是多向性和可重复性。使得我们为职业生涯开发与管理留下了可变通的时间与空间。

埃里克森认为，人的自我意识发展持续一生，他把自我意识的形成和发展过程划分为 8 个阶段，这 8 个阶段的顺序是由遗传决定的，但是每一阶段能否顺利度过却是由环境决定的，所以这个理论可称为"心理社会"阶段理论。每一个阶段都是不可忽视的。

1. 婴儿期（0～1.5 岁）：基本信任和不信任的心理冲突

这期间孩子开始认识人了，当孩子哭或饿时，父母是否出现则是建立信任感的重要问题。

信任在人格中形成了"希望"这一品质，它起着增强自我的力量。具有信任感的儿童敢于希望，富有理想，具有强烈的未来定向。反之则不敢希望，时时担忧自己的需要得不到满足。

2. 儿童期（1.5～3 岁）：自主与害羞（或怀疑）的冲突

这一时期，儿童掌握了大量的技能，更重要的是他们学会了怎样坚持或放弃，也就是说儿童开始"有意志"地决定做什么或不做什么。这时候父母与子女的冲突很激烈，也就是第一个反抗期的出现，训练他们大小便、按时吃饭、节约粮食等；若过分严厉，又会伤害儿童自主感和自我控制能力。

3. 学龄初期（3～6 岁）：主动对内疚的冲突

幼儿表现出的主动探究行为受到鼓励，幼儿就会形成主动性，这为他将来成为一个有责任感、有创造力的人奠定了基础。

如果成人讥笑幼儿的独创行为和想象力，那么幼儿就会逐渐失去自信心，这使他们更倾向于生活在别人为他们安排好的狭窄圈子里，缺乏自己开创幸福生活的主动性。

4．学龄期（6～12岁）：勤奋对自卑的冲突

学校是训练儿童适应社会、掌握今后生活所必需的知识和技能的地方。如果他们能顺利地完成学习课程，他们就会获得勤奋感，这使他们在今后的独立生活和承担工作任务中充满信心。

反之，就会产生自卑。另外，如果儿童养成了过分看重自己的工作的态度，而对其他方面木然处之，这种人的生活是可悲的。

5．青春期（12～18岁）：自我同一性和角色混乱的冲突

一方面青少年本能冲动的高涨会带来问题，另一方面更重要的是青少年面对新的社会要求和社会的冲突而感到困扰和混乱。埃里克森把同一性危机理论用于解释青少年对社会不满和犯罪等社会问题上。

6．成年早期（18～40岁）：亲密对孤独的冲突

只有具有牢固的自我同一性的青年人，才敢于冒与他人发生亲密关系的风险。因为与他人发生爱的关系，就是把自己的同一性与他人的同一性融合一体。

这里有自我牺牲或损失，只有这样才能在恋爱中建立真正亲密无间的关系，从而获得亲密感。

7．成年期（40～65岁）：生育对自我专注的冲突

当一个人顺利地度过了自我同一性时期，以后的岁月中将过上幸福充实的生活，他将生儿育女，关心后代的繁殖和养育。

他认为，生育感有"生"和"育"两层含义，一个人即使没生孩子，只要能关心孩子、教育指导孩子也可以具有生育感。反之没有生育感的人，其人格贫乏和停滞，是一个自我关注的人，他们只考虑自己的需要和利益，不关心他人（包括儿童）的需要和利益。

8．成熟期（65岁以上）：自我调整与绝望期的冲突

由于衰老过程，老人的体力、心力和健康每况愈下，对此他们必须做出相应的调整和适应，所以被称为自我调整对绝望感的心理冲突。

当老人们回顾过去时，可能怀着充实的感情与世告别，也可能怀着绝望走向死亡。自我调整是一种接受自我、承认现实的感受；一种超脱的智慧之感。如果一个人的自我调整大于绝望，他将获得智慧的品质。

解决了核心问题之后所产生的人格特质，都包括了积极与消极两方面的品质，如果各个阶段都保持向积极品质发展，就算完成了这阶段的任务，逐渐实现了健全的人格，否则就会产生心理社会危机，出现情绪障碍，形成不健全的人格。

想一想

在人格发展理论中，现阶段的你有哪些心理特征？

二、职业生涯概述

（一）职业生涯概念

职业生涯是一个人的职业经历，是以心理开发、生理开发、智力开发、技能开发、伦理开发等人的潜能开发为基础，以工作内容的确定和变化，工作业绩的评价、工资待遇、职称、职务的变动为标志，以满足需求为目标的工作经历和内心体验的经历。

（二）职业生涯发展阶段

职业生涯周期：从开始从事职业活动到完全退出职业活动的全过程为职业生涯周期。

一般可分为拔根期（16~22岁）、成年期（23~29岁）、过渡期（30~32岁）、安定期（33~39岁）、潜伏的中年危机期（40~43岁）、成熟期（44~59岁）。

1. 职业发展阶段：探索学习阶段（15~24岁）

在这个阶段，你应该像一块晒干的海绵一样，随时随地、随人随事地吸收知识、信息、经验。

在工作和生活中多观察、多倾听、多思考、多动手，不断尝试、总结、改正、再尝试，从中找出自己的职业兴趣所在。应该说，青少年正处于探索学习阶段，应该慢慢从尝试走向定向发展。

2. 确立阶段（25~44岁）

尝试子阶段（25~30岁）；

稳定子阶段（31~44岁）。

3. 维持阶段（45~64岁）

职业生涯的最高点应该在这个阶段，并会有一个平稳发展的过程，上下起伏一般不会过大。

4. 下降阶段（65岁以上）

此阶段唯一应该考虑的是——退休和晚年生活的问题。

三、职业生涯与人生的关系

职业生涯占有重要的时间比例，因此我们应该科学有效地规划、利用好如此宝贵的时间。通过职业生涯满足人生需要。

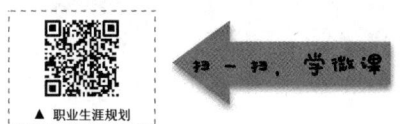
▲ 职业生涯规划

（一）职业生涯成功与人生成功的关系

1．人的全面发展

在法制化建设、民主进程不断发展的今天，人们会普遍追求拥有健康的生理体系、健全的人格体系、丰富的知识体系、多方面的能力体系、良好的人际关系体系、丰硕的职业生涯成果体系、幸福和谐的家庭生活体系、丰富多彩的人生活动体系的全新生活方式。

职业生涯开发与管理的根本目的就是为了人的全面发展。

2．企业与个人的关系

有三种观点：

（1）员工是为企业服务的；

（2）员工与企业共同发展；

（3）企业是为人服务的。

问题的本质在于：企业老总愿意不愿意将"企业是为人服务的"这一理念从对自己一个人扩展到对其他管理人员，乃至于扩展到企业的所有员工。

3．职业生涯成功是人生成功的核心组成部分

（1）职业生涯成功方向和成功标志的多样性

职业生涯成功方向的五个类型：进取型；安全型；自由型；攀登型；平衡型。

（2）全面评价

全面评价是指对一个人职业生涯的全过程和全方位评价。分为：

自我评价（能力的发挥、社会的贡献、待遇的满意、人际的和谐）；

家庭评价（理解、支持和帮助）；

企业评价（同事的赞赏、上级的肯定、职务的晋升、待遇的提高）；

社会评价（社会舆论的支持和好评、社会组织的承认和奖励）。

4．扮演好人生的各种角色

（1）职业生涯不是人生的全部，还有其他各种角色，如家庭角色、朋友角色等。

（2）不同角色不能互相替代，每一种角色都需要不同的知识体系、能力体系、价值体系。

职业生涯新观点：家里的事感觉好就算好，企业的事结果好才算好。

四、职业生涯规划

对职业生涯发展前景的认识有以下几个阶段

阶段一：不知道自己是迷惑还是清醒；

阶段二：迷迷糊糊地觉得自己很迷惑；

阶段三：迷迷糊糊地以为自己很清晰；

阶段四：非常清楚地知道自己很迷惑；

阶段五：非常清晰地知道自己很清楚。

（一）职业生涯规划的定义

职业生涯规划是指个人结合自身情况、眼前的机制和制约因素，为自己确立职业方向、职业目标，选择职业道路，确定教育计划、发展计划，为实现职业生涯目标而确定行动时间和行动方案。

职业生涯规划要求抬起头来展望今后的发展，强调规划的可操作性。

（二）职业生涯规划的特征

1. 个性化

一是取决于对人的态度：

二是传统的人事管理视人为"母鸡"——纯粹的劳动机器；

三是狭隘的人力资源开发视人为"骏马"——为我服务，给你好处；

四是崭新的人本管理视人为"平等主体"。

2. 开放性

要求与外界尽可能多地交换信息，与你的上级、平级、下级、家人、职业顾问等交换意见，听取他们的建议，并充分利用测评工具测评职业潜能。

（三）职业生涯规划的性质——心理合同

职业生涯规划的性质是心理合同，最大作用是激励。

企业要做的工作是提供机会、提供发展信息、提供指导和具体帮助。

一个人若希望在职业生涯方面取得发展，需要做到以下几点：

（1）知道企业的发展方向，参考企业的计划制定自己的发展计划，并希望在企业的发展中充当重要角色；

（2）尽可能发挥才能，以便达到自己制定的目标；

（3）很容易地与其他人沟通；

（4）熟悉和掌握自己所处领域中的最新技术及应用方法；

（5）时常直接感觉到来自外界的压力；

（6）准确地知道自己的失败与成功，并且清楚个人职业生涯成功与否主要依赖于自身的努力。

五、职业生涯之险象环生表现

1. 进入期

心高气盛、不屑一顾、眼高手低。

2．探索期

发现落差、加深认识。

3．瓶颈期

充满幻想、愿望强烈，但总被问题困扰、难以突破。

4．平台期

徘徊不前。

5．转型期

重新学习新知识和技能。

6．突破期

在职务或能力上的重大突破。

7．重振期

调整心态、重振精神。

8．危机期：

企业外部（竞争激烈、行业萎缩、职业萎缩）；

企业内部（决策失误、经营不善、人事矛盾）；

自身（知识能力落伍、疾病事故、人际关系不良）；家庭（亲人病故、感情危机、财产变动）。

职业生涯规划的第一件事：全面的自我剖析，先了解自己的性格、技能、兴趣，才可以知道自己最适合从事什么样的工作。我们都知道，叫一个外向的、爱交际的人去做会计，他可能会经常出错；派一个学技术或会计的人去跑销售，业绩不会很好。

尝试详细地解答以下问题：

（1）我成长的家庭背景、社会环境如何？

（2）我的强项有哪些？

（3）我的弱点是什么？

（4）我生活着的环境有什么机会？

（5）我身边的人给我带来了什么威胁？

六、制定职业生涯规划表

1．确定职业方向

职业方向是对职业的选择，反映主观动机或者是主观愿望。

2．制定总体目标

个人目标、企业目标、员工目标。

3. 职业分析

认清所选定的职业在社会环境中的发展过程和目前的社会地位,以及社会发展趋势对此职业的影响。

4. 企业分析

企业文化、企业领导人、企业制度和企业实力。

5. 自我分析

了解自己、潜能评价。

6. 角色建议

重要人的影响、倾听。

7. 设计方案

目标分解、目标组合。

在你的生活中,有过升学和就业的困惑吗?你认真考虑过这个问题吗?你是怎么处理的?谈谈自己的看法,与大家一起分享。

明辨是非

A 同学认为,只有读了大学才能找到好工作。

B 同学说,拥有一技之长也能找到好工作。现代社会更需要一技之长的技术型人才。

 练一练

你还知道哪些名人没有读过大学、没有接受过正规教育而成才的故事?他们成才的共同之处是什么?

话题二 职业倦怠的应对方法

学习目标

1. 知晓职业倦怠的概念和内容。
2. 学会判断职业倦怠。
3. 具备应对职业倦怠的能力。
4. 能够运用所学的知识帮助自己和他人应对职业倦怠。

案例导入

前段时间,一首《感觉身体被掏空》在全网蹿红,迅速登上了亚洲新歌榜榜单。歌词以幽默的笔触调侃了繁重压力下的年轻人生活,唤起了众多听众的共鸣。"感觉身体被掏空,我累得像只狗……"大量夸张的意象背后,是每一个职场人不足为外人道的疲劳和辛酸。职业倦怠,这一职场上最常见的心理综合征,正在透支着越来越多职场人士的心力和精神。

在郑州某贵金属商贸公司工作了8年之后,小林遇到了自己的职业倦怠期。尤其是近几个月,她时常感到身心疲劳、能量耗尽,对周围的一切都失去了热情,手上明明有一大堆工作要做,却总是一拖再拖,到最后不得不潦草塞责。上司已经找她谈了很多次话,但她仍然无法摆脱这种浑浑噩噩的状态。上个月公司人事变动,本来已经是培训经理候选人的她因为状态太差而落选了,几年来唯一升职加薪的机会,就这样与她擦肩而过。

她感知到了这种状态的危险性。三十岁出头的她正处于职业生涯的建立期,未来还有很长的路要走,如果长期这样下去,非但"寸功难建",过去几年打拼积攒的成果也可能就此付诸东流。

▲ 职业倦怠的症状判断与原因

一、职业倦怠

（一）职业倦怠的概念

职业倦怠（burnout）指个体在工作重压下产生的身心疲劳与耗竭的状态。

最早由弗罗伊登伯格于1974年提出，他认为职业倦怠是一种最容易在助人行业中出现的情绪性耗竭的症状。随后Maslach等人把对工作上长期的情绪及人际应激源做出反应而产生的心理综合征称为职业倦怠。

一般认为，职业倦怠是个体不能顺利应对工作压力时的一种极端反应，是个体伴随于长时期压力体验下而产生的情感、态度和行为的衰竭状态。

职业倦怠症又称职业枯竭症，它是一种由工作引发的心理枯竭现象，是上班族在工作的重压之下所体验到的身心俱疲、能量被耗尽的感觉，这和肉体的疲倦劳累是不一样的，而是源自心理的疲乏。

一个人长期从事某种职业，在日复一日重复的作业中，渐渐会产生一种疲惫、困乏，甚至厌倦的心理，在工作中难以提起兴致，打不起精神，只是依仗着一种惯性来工作。

（二）职业倦怠内容

职业倦怠一般包括以下三方面

1. 情感衰竭

情感衰竭指没有活力，没有工作热情，感到自己的感情处于极度疲劳的状态。它被发现为职业倦怠的核心纬度，并具有最明显的症状表现。

2. 去人格化

去人格化指刻意在自身和工作对象间保持距离，对工作对象和环境采取冷漠、忽视的态度，对工作敷衍了事，个人发展停滞，行为怪僻，提出调度申请等。

3. 无力感或低个人成就感

无力感或低个人成就感指倾向于消极地评价自己，并伴有工作能力体验和成就体验的下降，认为工作不但不能发挥自身才能，而且是枯燥无味的烦琐事物。

（三）职业倦怠的常见表现

（1）对工作丧失热情，情绪烦躁、易怒，对前途感到无望，对周围的人、事物漠不关心。

（2）工作态度消极，对服务或接触的对象越发没耐心、不柔和，如教师厌倦教书，无故体罚学生，或医护人员对工作厌倦而对患者态度恶劣等等。

（3）对自己工作的意义和价值评价下降，常常迟到早退，甚至开始打算跳槽甚至转行。

1．职业倦怠症好发的高危险职业群有哪些？

据专家表示，教师、医护工作者等相关从业人员是职业倦怠症的高发群体，这类助人的职业当助人者将个体的内部资源耗尽而无补充时，就会引发倦怠。

不过，压力过低、缺乏挑战性的工作，由于个人能力得不到发挥，无法获取成就感，而产生职业倦怠。

2．找对工作了吗？

由于刚刚毕业的大学生为了赶紧找到一份工作会漫无目的地四处撒网，最后糊里糊涂进入职场工作，根本没思考自己究竟喜欢什么样的工作，往往等到工作一段时间后才发现好像入错了行，这种严重职业错位的情况，长期延续必然会导致职业倦怠。

3．天生性格就容易倦怠？

自我评价低、凡事追求完美主义、A 型性格、外控性格等都容易受到职业倦怠症的折磨。

A 型性格是一种"工作狂"的性格特点，容易紧张，情绪急躁，进取心强，在外界看来好像冲劲十足，就像永不断电的长效电池，实际上身心状况超支付出，而易导致身心的倦怠。

4．来自工作内容或职场环境的失衡。

工作负担过重、缺乏工作自主、薪资待遇不合期望、职场的人际关系疏离、强烈认为组织待遇不公或是和公司的理念不和，都会变相引发职业倦怠症。

5．根据一项新的研究，职业倦怠与工作自主性、责任心和工作心理成熟度都有关系。

工作自主性与职业倦怠呈负相关；工作心理成熟度可以正向调节工作自主性与职业倦怠的关系；职业倦怠与责任心呈负相关关系；工作心理成熟度可以正向调节责任心与职业倦怠的关系：当工作心理成熟度高时，随责任心的提高，职业倦怠下降趋势较为显著。

二、职业倦怠的症状判断

（一）身体方面

1．表现出一种慢性衰竭

包括深度疲劳、失眠、头昏眼花、恶心、过敏、呼吸困难、肌肉疼痛和僵直、月经不调、腺体肿胀、咽喉痛、反复得流感、传染病、感冒、头痛、消化不良和后背痛。其中，呼吸系统传染病和头痛会持续很长时间，有些人还会出现更为严重的肠胃问题、溃疡和高血压。

2. 睡眠紊乱的状况

有些人失眠，他们感到紧张、亢奋、不能放松下来，头脑中总是出现那些令他们忧虑的事情；有些人又睡眠过多，几乎所有的业余时间都用来睡觉。

3. 饮食不规律

处于压力下的人也容易产生饮食上的坏习惯。如随便对付点什么，吃得特别快，或用午餐时间赶工作，干脆不吃。长此以往，有的人厌食，有的人又会暴饮暴食。我们经常可以看见有的人体重猛增，有的人又瘦得太厉害。

（二）智力方面

处理信息困难，注意力难以集中，因为他们正被头脑中的对抗性情绪困扰。一些人表现出心神迷乱或者不知所措，另一些人会很容易发怒而且对他们的工作表现不满。他们在做决定时很艰难，常常拖延和犹豫不决。一旦做出决定，又很难承担相应的责任。一个典型的反映是：无论我做什么，都是不对的。

（三）社会方面

很多人感到精疲力尽，对一切都失去了兴趣。在面对人际交往的时候，对他人变得越来越缺少同情心，讥讽同事所犯的错误，稍不如意的事情都令他们难以忍耐。有时甚至会把怒气发泄到他人身上去，使同事关系非常紧张，彼此产生很深的隔阂。

（四）情绪方面

开始怀疑所有的问题都是因为自己的能力不足，但是又无法改变现状，所以她们只能用消极的办法来对待工作上的、人际上的竞争，时刻提防着别人，就很容易变得偏执和猜疑。个人成就感的降低、自责和丧失自尊心也是倦怠的特征。

（五）精神方面

生活起来沉闷无趣。与学生、同事及家庭的关系变得危险，甚至个人的精神世界也被摧毁了。倦怠的职业恰恰就是生活在不平衡之中的。经历了很长一段时间的挫折和压力以后，工作的乐趣、信心和创造力都消失了。他们退缩到角落里，压抑着自我，出现恐惧、焦虑、孤立和冷漠等精神上的问题。

三、职业倦怠的原因

Maslach 和 Leiter 于 1997 年提出了职业倦怠的工作匹配理论。他们认为，员工与工作在以下六方面越不匹配，就越容易出现职业倦怠，包括：

（1）工作负荷：如工作过量。

（2）控制：控制中的不匹配与职业倦怠中的无力感有关，通常表明个体对工作中所需的资源没有足够的控制，或者指个体对使用他们认为最有效的工作方式上没有足够的权威。

（3）报酬：可以指经济报酬，更多的指生活报酬。

（4）社交：比如员工和周围的同事没有积极地联系（有可能由于工作把个体隔离或者缺乏社会联系，但同时工作中与他人的冲突影响严重）。

（5）公平：由工作量或报酬的不公平所引起，评价和升迁的不公平则容易带来情感衰竭。

（6）价值观冲突：员工和周围的同事或上司价值观不一致。工作是每个人必须做的事，然而千篇一律的工作又容易让人疲倦。大概每过一段时间，你就会有想放弃、不想做的念头，这都是一个人正常的心理疲劳期。

许多人觉得工作很累，不见得是生理上的疲劳，有时是心理上的疲倦。原因是，某个人献身于某种理想、工作或生活方式中，但却没有获得预期的报酬，不一定是物质的奖励，但没有价值感，或没有受到该有的激励、重视等，最常见的结果就是离职率偏高。

四、职业倦怠应对

面对职业倦怠要更清楚地认识自己的能力和机会，不会因为不恰当的期望和努力失败产生职业倦怠。积极面对问题：采取更积极的应对手段，而不是逃避；把问题的原因归结为个体可以控制的因素，如能力和努力等，将帮助你成为更加内控的人；更积极地表达自己的意见，尽最大的努力去改变环境，以及合理的饮食和锻炼，都有助于你逃离职业倦怠的困扰。

1．认识自我

认清自我价值，掌握自己的优势与不足，预测自己倦怠的征兆，了解自己的主观情绪是否影响了自己的生理和心理变化，有无做好应激的积极准备？

有了积极的自我认识，才能正视应激情境的客观存在；进行自我调整，主动设置缓冲区，提高自己的心理应付水平。

因此，只有从自我的阴影中摆脱出来，正确地认识自己及周围环境，才能把变化视为正常的事，不断接受变化的刺激，积极、愉快、主动地迎接生活的挑战，走出倦怠。

2．运用心理暗示的策略

积极的暗示可帮助被暗示者稳定情绪、树立信心及战胜困难和挫折的勇气。每个人可把自我暗示作为提高自己应付应激能力的策略。

用言语反复提醒自己:"一次一件事,我一定能做完所有的事""走过去就是另一个天""工作着就是快乐的""与其痛苦地做,不如快乐地做""有人帮你是你的幸运,无人帮你是公正的命运,没有人为你做些什么,你只有靠自己"。

3. 学会适应的策略

读过"职业足球名人堂"最佳播音员之一查理·琼斯故事的人往往会有一个很深的感触,那就是:因为害怕而拒绝变化,往往会使事情变得更糟;如果面对生活中的各种变化和挑战带来的应激,能积极应付、迅捷灵活地作出反应,必然会在迷宫中找到属于自己的路,也许它会让你付出很多的艰辛和代价,但它会帮助你在变化的时代获得成功。

管子《心术》下篇中记载:"心术者,无为而制窍者也。"运用心理策略来影响心理状态,可以不断地提高自己的心理水平,告别倦怠。

4. 适时进修,加强实力

职业倦怠很多情况下是一种"能力恐慌",这就必须不断地为自己充电加油,以适应社会环境的压力。

5. 适时运动

运动能让体内血清素增加,不仅助眠,也易引发好心情,运动有"333"原则,就是1周3天,每天30分钟,心跳达130下,例如快走、游泳等。

6. 寻找人际网络

除了同事,人要有其他可谈心的人际网络,否则容易持续陷入同样思维模式,一旦有压力反而很难纾解。

7. 说出困难

在工作、生活、感情上遇到困难要说出来,倾听者不一定能帮你解决,但这是抒发情绪最有效的方法,很多忧郁症患者因碰到困难不肯跟旁人说,自己闷闷、默默地做事,最后闷出忧郁症。

8. 正面思考

把工作难关当作挑战,不要轻视自己,要多自我鼓励。不懂就问人,或寻求外援,唯有实际解决困难,才不会累积压力。

"加油,我一定办得到"跟"唉,我只要不被老板骂就好"的两种心情做出的工作绩效绝对不同,正面思考并非天生本能,可经过后天练习养成。

9. 幽默感

别把老板、主管、同事的玩笑想得太严肃,职场和谐很需要幽默感。

练一练

以后的职业道路上遇到职业倦怠你会怎么做?

模块十　危机干预与自杀

话题一　危机干预概述

 学习目标

1. 知晓危机的概念和特征。
2. 学会识别心理危机。
3. 具备分析危机的能力。
4. 能够运用所学的知识帮助干预具有心理危机的人。

 探究与体验

一、危机相关概念

危机理论和危机干预最早是基于 Lindeman（1944）的一项工作。1942 年在波士顿的一场大火夺取了将近 500 条生命，作为精神病学家的 Lindeman 参与了对 101 位伤者以及相关的亲属的心理评估和治疗。Lindeman 观察到这些幸存者所体验到的极度悲伤是对悲惨事件的通常反应。他同时指出这样的反应是一组明显的症候群。这组症候群可能在最后会转化为严重的心理病症，但症候群本身并不是病态的，而是

试图掌控困难情景的一种通常挣扎。更重要的是，对患者提供的及时的帮助能显著地降低其最终转化成心理病症的可能性。

个体面临重大应激，人格受到巨大影响，惯常的支持系统不足以应对眼前的处境时所导致的暂时性心理失衡状态。

战争危机、事业危机、经济危机、婚姻危机、升迁危机、考试危机、死亡危机，以及不可抗拒的天灾人祸等等都是我们可能要面对的危机。

对处在心理危机状态下的个人采取明确有效的措施，使之最终战胜危机，重新适应生活。

每一个人在其一生中都会遭遇各种各样的危机，对处在危机状态下的人进行专业的帮助便称为危机干预。广义的危机干预可以是全方位的帮助，而狭义的危机干预便是作为简短心理疗法的危机干预。

美国在 2001 年 "9.11" 事件后，约有 400 万人患有不同程度的精神障碍，约有 24%的人出现较严重的焦虑，7%的人去寻求精神科的帮助。

美国在海湾战争后有数千人患有"海湾战争综合征"。出兵伊拉克时就派遣了 200 名心理医生。

危机干预工作中需要专业人员的参与，而心理咨询师就是这样的专业队伍。他们不仅应具备该职业的基本素质，如道德素质、反省能力和诚实品质，而且还应具备特殊的专业素质。

危机干预则借用简单心理治疗的手段，帮助当事人，处理迫在眉睫的问题，恢复心理平衡，安全度过危机。干预的对象不一定是"患者"，尽管大多数国家将此列为精神医学服务范围。干预的最低目标应是保护当事人，预防各种意外，故常动用各种社会资源，寻求社会支持。

想一想

生活中会遇到或者存在哪些潜在的危机事件呢？危机事件会引发哪些生活上的问题？

人的一生总会遇到各种各样的严重应激事件，面临这种应激事件，一旦自己不能解决或处理时，则会发生严重的心理失衡，这种失衡状态便称为危机（crisis）。

创伤后应激障碍、自杀、性暴力、殴打妇女、物质依赖、丧失亲人或朋友、公共机构中的暴力、人质危机等都可能是危机。

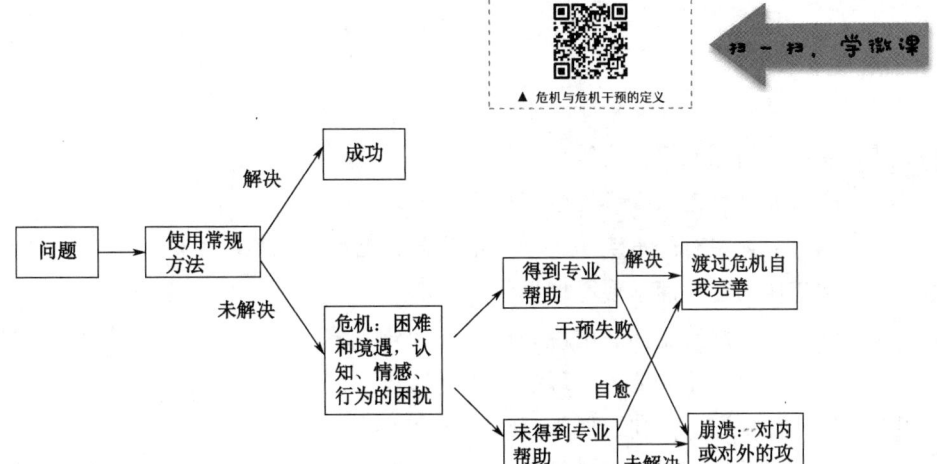

二、危机的特征

（1）危机是一种正常的生活经历，并非疾病和病理过程。情绪危机表明个体正在努力抗争，力求保持内心的安宁和自身与环境间的平衡。

（2）引发危机的应激事件可以是个体外部的，如自然灾害；也可以是自身内部的，如患了难以治愈的疾病；可以是突发灾难性的，如交通事故；也可以是一系列事件的日积月累，如人际关系恶化。

（3）危机的程度与发生事件的强度不一定成正比，而更重要的是取决于个体对事件的认识；以及个体的应对能力，既往经历和个性等。

（4）危机引起个体情绪扰乱、认知能力下降、防御机制削弱，但是这些改变均不符合任何精神疾病的诊断标准，心理治疗性干预能帮助他们渡过危机，并有望达到事半功倍的效果。

（5）情绪危机具有自限性，急性期通常在 6 周左右，如果未得到及时解决，可能导致精神疾病或出现自杀、攻击他人等不良行为。

（6）危机的成功解决能使个体从中得到对现状的把握，对过去冲突的重新认识，以及学到更好地处理将来危机的应对策略和手段。

总之，心理问题的产生具有各式各样的原因，心理问题产生的危害并没有受到应有的重视，所以当心理危机产生时普遍没有应对之策。这需要我们都要学习心理危机及危机干预相关的知识，对于心理问题产生应有的重视，切不可忽视之。心理危机干预对于灾后心理危机的消除具有重要的作用，对于一般心理问题也具有帮助。因而学习心理危机干预，可以有助于我们处理突发的心理问题，解决心理危机所造成的危害。

如何识别有心理危机的人？

（1）遭遇突发事件而出现心理或行为异常的学生，如家庭发生重大变故、遭遇性危机、受到自然或社会意外刺激的学生。

（2）患有严重心理疾病，如患有抑郁症、恐怖症、强迫症、癔症、焦虑症、精神分裂症、情感性精神病等疾病的学生。

（3）既往有自杀未遂史或家族中有自杀者。

（4）身体患有严重疾病、个人很痛苦、治疗周期长。

（5）压力过大而出现心理异常。

（6）个人感情受挫后出现心理或行为异常。

（7）人际关系失调后出现心理或行为异常。

（8）性格过于内向、孤僻、缺乏社会支持。

（9）严重环境适应不良导致心理或行为异常。

（10）家境贫困、经济负担重、深感自卑。

（11）由于身边出现个体危机状况而受到影响，产生恐慌、担心、焦虑.

（12）其他有情绪困扰、行为异常的学生。尤其要关注上述多种特征并存，其危险程度更大，应成为重点干预的对象。

 想一想

关于如何识别有心理危机的人？上文列举了12种可能有心理危机的人，是不是具有其中一种就代表有心理危机？

考试失败是属于哪种心理危机的类别？

心理学研究发现，人们对危机的心理反应通常经历四个不同的阶段。首先是冲击期，发生在危机事件发生后不久或当时，感到震惊、恐慌、不知所措。如突然听到北京爆发"非典"，亲人得了"非典"，医护人员感染"非典"，非典患者骤增等消息后，大多数人会表现出恐惧和焦虑。其次是防御期，表现为想恢复心理上的平衡，控制焦虑和情绪紊乱，恢复受到损害的认识功能。但不知如何做，会出现否认、合理化等。再次是解决期，积极采取各种方法接受现实，寻求各种资源努力设法解决问题。焦虑减轻，自信增加，社会功能恢复。最后是成长期，经历了危机变得更成熟，获得应对危机的技巧。但也有人消极应对而出现种种心理不健康的行为。

心理危机是一种正常的生活经历，并非疾病或病理过程。每个人在人生的不同阶段都会经历危机。由于处理危机的方法不同，后果也不同。一般有四种结局：第一种是顺利度过危机，并学会了处理危机的方法策略，提高了心理健康水平；第二种是度过了危机但留下心理创伤，影响今后的社会适应；第三种是经不住强烈的刺激而自伤自毁；第四种是未能度过危机而出现严重心理障碍。对于大部分的人来说，危机反应无论在程度上或者是时间方面，都不会带来生活上永久或者是极端的影响。他们需要的只是有时间去恢复对现状和生活的信心，加上亲友间的体谅和支持，能逐步恢复。但是，如果心理危机过强，持续时间过长，会降低人体的免疫力，出现非常时期的非理性行为。对个人而言，轻则危害个人健康，增加患病的可能，重则出现攻击性和精神损害；对社会而言，会引发更大范围的社会秩序混乱，冲击和妨碍正常的社会生活。

如听信传言，出现超市抢购，哄抬物价，犯罪增加等。其结果不仅增加了有效防御和控制灾害的困难，还在无形之中给自己和别人制造新的恐慌源。

危机可能会造成危险，也可能变成一种机遇。如果危机过分严重，威胁到一个人的生活或家庭，个体可能采用不恰当的方法应对或解决问题，从而会导致心理社会功能的下降，并出现自杀或精神崩溃，这就是危险。如果在危机状况下，个体成功地把握危机情景或及时得到适当有效的治疗性干预或帮助，个体可能学会了新的应对技能，不但重新得到了心理平衡，还获得了心理的进一步成熟和发展，这就是机遇。

心理学领域中，危机干预指对处在心理危机状态下的个人采取明确、有效的措施，使之最终战胜危机，重新适应生活。心理危机干预的主要目的有：①避免自伤或伤及他人，②恢复心理平衡与动力。在 SARS 流行期间，有效的危机干预就是帮助人们获得生理、心理上的安全感，缓解乃至稳定由危机引发的强烈的恐惧、震惊或悲伤的情绪，恢复心理的平衡状态，对自己近期的生活有所调整，并学习到应对危机有效的策略与健康的行为，增进心理健康。为了进行有效的危机心理干预，必须了解人们在危机状态下有哪些心理需要。在 SARS 流行时期，人们会更关心个人基本的生存问题，如环境是否安全、健康是否有保障等；会担心自己及所关心的人（如父母、亲戚、子女、朋友、老师）会感染 SARS；会表现惊慌、无助、逃避、退化、恐惧等行为；想吐露自己对 SARS 突发事件的内心感受；渴望生活能够尽快安定，恢复到正常状态；希望得到他人情感的理解与支持等。这些心理需要为危机心理干预提供了依据。

危机干预主要采用支持技术，这时主要让个体表达或发泄内心的积郁，并在此基础上给予同情、解释和保证，树立其信心。对有自杀倾向的个体，主要集中在使他们放弃自杀观念，而不是对自杀的原因作反复的分析和解释。另外还会帮助了解可以采用的应对方式，帮助获得新的信息或知识；在可能的范围内，帮助安排日常生活，并调动和利用社会支持系统，即亲人、朋友、社区、单位等共同帮助渡过难关，也即一方有难，八方支援。

在大规模的灾难面前，如遭遇地震、海难、水灾等杀伤力特别大的灾难时，一般以社区为基础进行危机干预，具体内容包括成立各种自助组织，及时识别高危人群，普及相关预防知识，在社区中宣传心理卫生常识，提高扶弱济贫救危活动的公众意识。预防危机所产生的不良后果。

危机治疗技术包括认知治疗、行为治疗、表达支持治疗、患者中心疗法、家庭治疗等，对灾难激发的精神障碍（如轻度意识模糊、木僵状态、大喊大叫），过于焦虑、抑郁等则需通过药物治疗。也可根据求助者的具体情况，采取相应的措施。

心理危机对于每一个人都在所难免，重要的是，当我们一旦遇到此类情况，应积极配合政府实施的心理危机干预措施，甚至主动向心理专家求得帮助，尽快度过心理危机。

话题二

危机干预的方法

**学习目标**

1. 知晓心理危机干预的原则。
2. 学会危机干预的方法。
3. 具备制定心理危机干预方案的能力。
4. 能够运用所学的知识帮助他人走出心理危机。

**案例导入**

小李，女，某职业学校一年级新生，父母常年在外做生意，她从小与外婆住在一起，性格内向。有个小她十多岁的弟弟，全家的重心都在弟弟身上，小李一直备受父母的冷漠和忽视，从小很少体会到家庭的温暖。开学后由父亲陪同前来学校报道。报道当天自称长久以来嗓子痛，与人交流困难，感到很自卑，强烈要求单独在校外住宿。经学校学生工作处介入后，小李开始了和其他同学一样的住宿生活。但两个月后，由于受不了因嗓子痛而带来的人际交往的种种不适，最终退学。经与小李再次沟通发现，小李在初中时住校曾因性格内向与舍友发生矛盾，被舍友从上铺推到地上而受伤。

小李真的是嗓子痛吗？到底是嗓子痛带来的人际交往的问题，还是人际交往带来的嗓子痛？

探究与体验

一、心理危机干预的原则

1. 及时性原则

危机干预最好是全天候二十四小时开放。由于患者的不稳定性，心理治疗师

Butcher 和 Maudal（1976）提出的一个原则："所有的危机干预单元都必须被当作最后一次与患者的接触。"因此，要迅速确定要干预的问题，强调以目前的问题为主，并立即采取相应措施。

2．现实性原则

由于危机干预的紧迫性，心理治疗师应把治疗重点放在现时现地，帮助患者分析事件的性质和其在事件之中扮演的角色；指出患者的当前目标、生活风格和思想观念的不合理性；以及患者面对事件所采取的错误的自我防御机制。要把心理危机作为心理问题处理，而不要作为疾病进行处理。

3．支持性原则

处在危机之中的患者比平时更需要支持。治疗师不光需要提供当下直接的支持，而且应当努力地寻求更多的来自家庭、单位、社区的支持。虽然危机干预通常仅仅维持五到六次，心理治疗师必须让患者感觉到无论何时，只要患者需要，心理治疗师都会提供必要的支持。在结束危机干预之后，患者可以进一步接受更具体的长程心理疗法。因此，最好有其家人或朋友参加危机干预。另外，还要鼓励自信，不要让当事者产生依赖心。

每个人对严重事件都会有所反应，但不同的人对同一性质事件的反应强度及持续时间不同。

一般的应对过程可以分为三个阶段：

第一阶段（立即反应），当事者表现麻木、否认或不相信；

第二阶段（完全反应），感到激动、焦虑、痛苦和愤怒，也可有罪恶感、退缩或抑郁；

第三阶段（消除阶段），接受事实并为将来做好计划。危机过程持续不会太久，如亲人或朋友突然死亡的居丧反应一般在 6 个月内消失，否则应视为病态。

心理危机干预一般模式：

危机出现前 →	→ 危机过程中 →	→ 危机处理后
心理健康教育	热线援助	团体辅导
生活适应指导	认知治疗	后期干预
良好个性培养	行为治疗	压力调适

 **想一想**

你身边是否有人参加过危机干预？跟大家分享一下。

二、危机干预模式

1．平衡模式（equilibrium model）：

平衡模式也称平衡/失衡模式，平衡模式认为，危机中的人通常处在一种心理或

▲ 常用的心理危机干预方法

情绪的失衡状态，原有的应付机制和解决问题的方法不能满足需要，其目的在于帮助人们重新获得危机前的平衡状态。

2．认知模式（cognitive model）

认知模式认为：危机来源于对生活困难和创伤的错误思维和信念，提供改变思维方式，特别是改变非理性的认知和自我否定，人们就能够获得对自己生活中危机的控制。

3．心理社会转变模式（psychosocial transition model）

心理社会转变模式认为：人是遗传和环境学习交互作用的产物，危机是由心理、社会或环境因素引起的，因此引导人们从心理、社会和环境三个范畴来寻找危机干预的策略。

从现实中各种危机干预的案例中获得的经验来看，要帮助人们度过危机，需要采取综合模式，即将三种模式整合，针对不同的需要和对象，选择有效的干预模式。

三、危机干预六步法

1．确定问题

从求助者的角度，确定和理解求助者本人所认识的问题。为帮助确定危机问题，我们推荐在干预开始时使用积极倾听技术：同情、理解、真诚、接纳及尊重，既注意求助者的言语信息，也注意其非言语信息。

2．保证求助者安全

保证求助者对自我和对他人的生理和心理危险性降低到最低，这是危机干预全过程的首要目标。

在危机干预实践中，求助者的安全一直是强调的重点，希望学生和危机干预工作者将安全问题自然地融入自己的思维和行为之中。

3．提供支持

强调与求助者沟通与交流，使求助者相信工作人员是能够给予关心和帮助的人。工作人员不要去评价求助者的经历或感受是否值得称赞，而是应该提供这样一种机会，让求助者相信"这里有一个人确实很关心你"。

4．提出可变通的应对方式

工作者要帮助求助者认识到，有许多可供变通的应对方式可供选择。思考变通方式的途径如下：

（1）环境支持，有哪些人现在或过去能关心求助者？

（2）应付机制，求助者有哪些行动、行为或环境资源可以帮助自己战胜危机？

（3）积极的、建设性的思维方式，可以用来改变自己对问题的看法并减轻应激与焦虑水平。

5. 制订计划

帮助求助者做出现实的短期计划，确定求助者理解的、自有的行动步骤。即将变通的应对方式以可行性的时间表和行动步骤的形式列出来，必须确保计划制订过程中求助者的参与和自主性。

计划的制订应该与求助者合作，让其感觉到这是他自己的计划，这点很重要。制订计划的关键在于让求助者感觉到没有被剥夺其权利、独立性和自尊。

6. 获得承诺

帮助求助者向自己承诺采取确定的、积极的行动步骤，这些行动步骤必须是求助者自己的，从现实的角度是可以完成的或可以接受的。

在结束危机干预前，工作者应该从求助者那里得到诚实、直接和适当的承诺。

自从 2008 年汶川地震之后，心理危机干预得到广泛重视，其作用也日益突显。除了汶川地震外，玉树地震、雅安地震等重大自然灾害后的灾后重建中，都会有心理危机干预人员的身影，为受灾地区的学生、妇女儿童以及老人提供心理危机干预帮助，帮助受灾民众迅速恢复信心，使灾民免于心理危机的困扰，积极投入灾后重建的工作中。当然，除了近几年发生的重大地震灾害外，各个地区或多或少会存在其他类型的自然灾害，这些灾害可能没有引起巨大的财产损失，因而人们并没有对其产生足够的重视，事实上，这些自然灾害对于弱势群体也会产生心理上的问题。例如，在浙江沿海地区的台风灾害，人们对其认识还局限于造成的财产损失，而对其所能造成心理层面上的问题还是没有引起足够的重视。

随着社会压力的加大，人们或多或少存在心理问题，但社会各界对这个问题不够重视。心理危机干预受到社会重视缘于汶川地震中，心理危机干预对于灾后的灾民心理信心重建，灾民心理问题的解决提供巨大的帮助，从而令社会各界开始关注人们的心理问题，关注心理危机干预的重要性。

 练一练

危机干预的模式里面有你感兴趣的吗？请制作一份 PPT 向大家介绍。

话题二

自杀的三级预防

 **学习目标**

1. 知晓自杀的概念。
2. 学会评定自杀风险。
3. 具备对自杀进行干预的能力。
4. 能够运用所学的知识帮助他人预防自杀。

 **案例导入**

2008年10月3日,北川县委农办主任董某在暂住地自杀身亡。董某是北川灾后首例轻生的政府官员。

10月16日,乐山市某植物油有限公司董事长从办公楼7楼跳下,当场身亡。他的自杀可能与近期植物油期货价格暴跌有关。

11月20日,绵阳市某教育处处长何某从15楼上一跃而下。何某患有精神分裂症、双向情感障碍和重度抑郁症,其性格内向,不爱与人交往。

 **探究与体验**

一、自杀的概述

1. 概念

自杀,指想结束自己的生命,有导致死亡的实际行动并且导致了死亡结局的情况称为自杀,而知道采取的行为会对自己产生不良后果,还去行动——慢性自杀。

2. 自杀风险的评定

帕特森（Patterson）自杀风险评估量表

自杀风险的评定	
性别（男）	0~1
年龄（小于20岁或大于45岁）	0~1
抑郁情绪	0~1
曾经自杀未遂	0~1
酒精滥用	0~1
丧失理性思维（情感障碍、分裂症、脑损伤）	0~1
缺乏社会支持	0~1
有周密的自杀计划	0~1
无配偶或没有亲属同住	0~1
有疾病，身体健康状况差	0~1
总分	0~10

评估结果：

0~2分：可以回家，应该随访

3~4分：报告领导，密切观察

5~6分：报告领导，建议住院

7~10分：通知父母，立即住院

不要对经历危机后的人说：

"我知道你的感觉是什么？"——遭遇这场突如其来的地震，幸存者的体验是撕心裂肺的，你这种轻飘飘的话会令他讨厌；

"你能活下来就是幸运的了"——幸存者常常宁愿死去，他很可能会抱怨自己为什么不和亲人一起遭受苦难；

"你能抢出些东西算是幸运的了"——这是旁观者的话，是站在你的角度上评论幸存者的处境；

"你还年轻，能够继续你的生活"——死去的亲人是无可替代的，幸存者会渴望与他们同甘共苦；

"你爱的人在死的时候并没有受太多痛苦"——实际，死亡是最大的痛苦；

"她/他现在去了一个更好的地方/更快乐了"——这只是看法，而不是感受，而且是你的看法，不是幸存者的看法；

"你会走出来的"——没有站在幸存者的角度去看问题；

"不会有事的，所有的事都不会有问题的"——问题已经发生了，而且还不可逆转。

二、自杀的三级预防

自杀的干预主要在预防，预防自杀可分为三级，即一级预防，二级预防和三级预防。

一级预防

一级预防主要是指预防个体自杀倾向的发展。一级预防的主要措施有管理好农药、毒药、危险药品和其他危险物品，监控有自杀可能的高危人群，积极治疗自杀高危人群的精神疾病或躯体疾病，广泛宣传心理卫生知识，提高人群应付困难的技巧。

二级预防

二级预防主要是指对处于自杀边缘的个体进行危机干预。通过心理热线咨询或面对面咨询服务，帮助有轻生念头的人摆脱困境，打消自杀念头。

三级预防

三级预防主要是指采取措施预防曾经有过自杀未遂的人再次发生自杀。

 练一练

请网上搜寻资料，制作一期手抄报向大家介绍如何帮助有自杀倾向的人。

反侵权盗版声明

电子工业出版社依法对本作品享有专有出版权。任何未经权利人书面许可，复制、销售或通过信息网络传播本作品的行为；歪曲、篡改、剽窃本作品的行为，均违反《中华人民共和国著作权法》，其行为人应承担相应的民事责任和行政责任，构成犯罪的，将被依法追究刑事责任。

为了维护市场秩序，保护权利人的合法权益，我社将依法查处和打击侵权盗版的单位和个人。欢迎社会各界人士积极举报侵权盗版行为，本社将奖励举报有功人员，并保证举报人的信息不被泄露。

举报电话：(010) 88254396；(010) 88258888
传　　真：(010) 88254397
E-mail：　dbqq@phei.com.cn
通信地址：北京市万寿路 173 信箱
　　　　　电子工业出版社总编办公室
邮　　编：100036